"十三五"国家重点图书出版规划项目

中国减贫研究书系／**案例研究**

CHINA'S POVERTY ALLEVIATION SERIES

中国中西部地区
精准扶贫典型模式

THE TYPICAL MODELS OF
TARGETED POVERTY ALLEVIATION IN CENTRAL
AND WESTERN REGIONS OF CHINA

云 南 财 经 大 学 精 准 扶 贫 与 发 展 研 究 院
云南财经大学全国高校"双带头人"教师党支部书记工作室
中国自然资源学会党委土地资源研究专业委员会党支部
杨子生　王建颖／主编

社会科学文献出版社
SOCIAL SCIENCES ACADEMIC PRESS (CHINA)

云南财经大学精准扶贫第三方评估团队调研德保县燕峒乡脱贫攻坚指挥部 2020.4.20

前　言

　　贫困是全球面临的最严峻的挑战之一，反贫困是全世界人民肩负的一项共同历史任务。2015 年 9 月，联合国召开的可持续发展峰会上通过了《2030 年可持续发展议程》（以下简称《2030 年议程》），设定了 2030 年的可持续发展目标（SDGs），提出到 2030 年在世界各地"消除一切形式和表现的贫困"。我国是世界上最大的发展中国家，同样面临着严峻的农村贫困问题，肩负着反贫困的重大使命和艰巨任务。据国务院 2016 年 11 月印发的《"十三五"脱贫攻坚规划》，2011~2015 年，我国现行标准下的农村贫困人口减少了 1 亿多人，贫困发生率降低了 11.5 个百分点，但贫困问题依然是我国经济社会发展中最突出的"短板"，脱贫攻坚形势复杂严峻。截至 2015 年底，全国农村还有 5630 万建档立卡贫困人口，主要分布于贫困县。

　　从贫困县来看，中国的国家级贫困县分为"国家扶贫开发工作重点县"和"全国 14 个集中连片特殊困难地区贫困县"两大系统。其中，"国家扶贫开发工作重点县"共计 592 个，"全国 14 个集中连片特殊困难地区贫困县"共计 680 个，这两大系统重叠覆盖的县共计 440 个。因此，这两大系统相加的国家级贫困县共计 832 个。截至 2014 年底，全国县级行政区划单位有 2854 个，国家级贫困县有 832 个，占全国县级行政区数量的 29.15%。在全国 31 个省份[①]中，没有国家级贫困县的为 9 个（即北京市、上海市、天津市、辽宁省、山东省、广东省、福建省、江苏省、浙江省）。也就是说，全国 832 个贫困县分布在中西部地区的 22 个省（区、市），其中，云南省 88 个，西藏自治区 74 个，四川省 66 个，贵州省 66 个，甘肃省 58 个，陕西省 56 个，河北省 45 个，青海省 42 个，湖南省 40 个，河南省 38 个，山西省 36 个，广西壮族自治区 33 个，新疆维吾尔自治区 32 个，内蒙古自治区 31 个，湖北省 28 个，江西省 24 个，黑龙江省 20 个，安徽省 20 个，重庆市 14 个，吉林省 8 个，宁夏回族自治区 8 个，海南省 5 个。

　　中共十八大以来，面对我国扶贫开发工作的严峻形势以及脱贫攻坚的复杂性、艰巨性和紧迫性，习近平总书记提出了"精准扶贫"方略思想，党中央把完成脱贫攻坚任务作为全面建成小康社会的底线目标和必由之路。这既是我国新时期扶贫开发的重大理论创新，也是世界减贫与发展史上的重大制度设计。《中共中央　国务院关于打赢脱贫攻

---

　　① 本书中"省份"包括省、自治区、直辖市。

坚战的决定》和《"十三五"脱贫攻坚规划》明确提出了脱贫攻坚的总体目标：到2020年，稳定实现农村贫困人口不愁吃、不愁穿，义务教育、基本医疗和住房安全有保障。确保我国现行标准下农村贫困人口实现脱贫，贫困县全部摘帽，解决区域性整体贫困。

与联合国《2030年议程》反贫困目标相比，中国反贫困目标方案（精准脱贫中国方案）呈现三大鲜明的特色与创新：一是减贫目标上的超前性，中国反贫困目标方案在时间上比联合国《2030年议程》反贫困目标整整提前了10年；二是扶贫的精准性，坚持按照"六个精准"（即扶贫对象精准、项目安排精准、资金使用精准、措施到户精准、因村派人精准、脱贫成效精准）的要求，对农村贫困人口实行分类精准扶持；三是扶贫标准的多维性，中国方案不仅仅要消除极端贫困（联合国《2030年议程》反贫困目标对目前极端贫困的衡量标准是每人每日生活费不足1.25美元），让贫困人口人均纯收入稳定超过国家贫困线标准，同时要稳定实现不愁吃、不愁穿以及义务教育、基本医疗和住房安全有保障（简称"两不愁三保障"）。实施精准扶贫、精准脱贫政策，已经成为我国推进、落实"十三五"规划和实现全面建成小康社会目标的时代使命。习近平总书记在2017年10月18日所作的《决胜全面建成小康社会 夺取新时代中国特色社会主义伟大胜利——在中国共产党第十九次全国代表大会上的报告》中指出，要动员全党全国全社会力量，坚持精准扶贫、精准脱贫。

自2014年实施精准扶贫、精准脱贫以来，中西部各省（区、市）深入贯彻落实党中央精准扶贫精准脱贫方略和重大政策，紧紧围绕"扶持谁、谁来扶、怎么扶、如何退"这四个核心问题，切实做到"六个精准"，大力实施"五个一批"（发展生产脱贫一批、易地搬迁脱贫一批、生态补偿脱贫一批、发展教育脱贫一批、社会保障兜底一批），并结合各地实际，积极开拓创新，在脱贫攻坚战中取得了决定性胜利。据统计，2013～2019年全国农村贫困人口累计减少9348万人，即从2012年末的9899万人减少至2019年末的551万人，贫困发生率从2012年的10.2%降至2019年末的0.6%。在2020年5月18日国务院新闻办公室举行的发布会上，国务院扶贫开发领导小组办公室主任刘永富介绍说，我国832个国家级贫困县中有780个县已经宣布脱贫摘帽，中西部22个省份中已经有15个没有贫困县，剩下7个省份中还有52个贫困县（即新疆维吾尔自治区10个，贵州省9个，云南省9个，甘肃省8个，广西壮族自治区8个，四川省7个，宁夏回族自治区1个）。

在这场前所未有的脱贫攻坚战中，中西部各地坚持把脱贫攻坚作为头等大事和第一民生工程来抓，坚持以脱贫攻坚统揽经济社会发展全局，坚持实施大扶贫行动，以"贫困不除、愧对历史，群众不富、寝食难安，小康不达、誓不罢休"的坚定信心和决心，狠抓责任落实、政策落实、工作落实，脱贫攻坚成效显著，各省（区、市），各国家级贫困县、乡（镇）和村都涌现出许多有特色、有创新的优秀精准扶贫和精准脱贫模式，这是我国脱贫攻坚战的重大"战果"，也是我国可以奉献给世界其他贫困地区的宝贵财富。及时地对这些成功精准扶贫和精准脱贫模式进行调查、挖掘、整理、总结和提炼，让这些成功的脱贫攻坚模式走向世界，能够为世界贫困地区反贫困工作提供参考和借鉴，为全球减贫事业做出贡献。

鉴于此，2016年5月至2020年4月，云南财经大学精准扶贫与发展研究院组织调研团队赴云南、贵州、四川、广西、江西、河南、海南等省份开展国家精准扶贫工作成效第三方评估实地调查和贫困县退出第三方评估实地调查，广泛、深入地了解各地相关行业部门和各县、乡（镇）、村近几年在精准扶贫和精准脱贫工作中探索出的、在局部已经取得较好效果的减贫案例，并积极与各地扶贫部门、各贫困县和相关单位密切合作，按照减贫案例（扶贫模式类）调研与编写框架的要求，进一步选择了广西、云南、四川、海南等典型省份的部分贫困县展开深入调查，挖掘、整理、总结和提炼了26个较好的精准扶贫和精准脱贫模式，分析这些模式所能解决的具体问题，解决问题的方法、创新点、成功经验、政策启示及借鉴意义，为我国其他贫困地区乃至世界贫困地区反贫困工作提供参考和借鉴。

本书即对广西、云南、四川、海南等典型省份26个精准扶贫和精准脱贫模式进行总结和提炼的成果。全书分为六篇、二十六章。第一篇"精准识别与精准脱贫模式"，分别总结和提炼了广西贫困人口精准识别模式、海南琼中县"12345"精准识别模式、广西贫困人口精准脱贫模式、广西平果县"13345"工程促高质量脱贫模式和海南琼中县脱贫摘帽"四不摘"模式5种典型模式；第二篇"党建与脱贫攻坚'双推进'模式"，分别总结和提炼了云南马关县基层党建与脱贫攻坚"双推进"模式、广西德保县首创"党群致富共同体"模式、云南弥渡县"党建引领＋村民自治"破解脱贫攻坚难题模式、云南寻甸县"党支部＋"助推产业脱贫模式等典型模式；第三篇"创新产业扶贫模式"，分别总结和提炼了云南禄劝县雪山乡党参种植产业扶贫模式、云南弥渡县生猪扶贫全产业链模式、广西德保县以产业链条筑牢脱贫模式和云南弥渡县蔬菜产业扶贫模式等典型模式；第四篇"易地搬迁扶贫模式"，分别总结和提炼了云南东川基于新型城镇化的易地搬迁脱贫模式、广西忻城县易地搬迁扶贫模式、云南马关县南山园区易地扶贫搬迁模式等典型模式；第五篇"教育、健康、生态、就业及危房改造模式"从教育扶贫、健康扶贫、生态扶贫、就业扶贫、危房改造等方面总结和提炼了云南禄劝县"六个一"精准打造"穷县富教育"模式、云南寻甸县健康扶贫"5＋5"模式、四川平武县"1＋5"生态扶贫模式、云南弥渡县"七个一批"就业扶贫模式和云南禄劝县农村危房科学识别与精准改造模式；第六篇"精准帮扶与监督管理模式"则从精准帮扶与监督管理角度总结和提炼了北大"1+8+N"帮扶机制助推弥渡精准脱贫模式、四川平武县三大体系补齐脱贫攻坚"精神短板"模式、寻甸县"三讲三评"激发内生动力扶贫模式、四川平武县创新脱贫攻坚"暗访模式"、四川北川县"互联网+精准扶贫代理记账"村财管理模式等典型模式。

　　本书是我国精准扶贫/脱贫攻坚领域取得的研究成果之一,可为全国贫困地区特别是832个国定贫困县实施精准扶贫、打赢脱贫攻坚战、巩固脱贫攻坚成果和实现长期稳定脱贫提供必要的参考和借鉴;也希望本书能够走向世界,为世界贫困地区反贫困工作提供参考和借鉴,为全球减贫事业做出贡献。

目　录

‖ 第二篇 ‖
党建与脱贫攻坚"双推进"模式

‖ 第三篇 ‖

创新产业扶贫模式

‖ 第四篇 ‖
易地搬迁扶贫模式

‖ 第五篇 ‖
教育、健康、生态、就业及危房改造模式

‖ 第六篇 ‖

精准帮扶与监督管理模式

第一篇

精准识别与精准脱贫模式

第一章
广西贫困人口精准识别模式

2015 年 10 月至 2016 年 1 月，广西壮族自治区组织 25 万人，进村入户精准识别贫困户，全区共识别贫困人口 634 万人（含 2013 年、2014 年脱贫户）并建档立卡，被中央有关媒体誉为"史上最严精准识贫"。

第一节　时代背景

2015 年 6 月 18 日，习近平总书记在部分省区市扶贫攻坚与"十三五"时期经济社会发展座谈会上指出，"精准扶贫，关键的关键是要把扶贫对象摸清搞准，把家底盘清，这是前提"。广西壮族自治区在深入学习习近平总书记的重要讲话精神后，感到扶真贫、真扶贫的前提和基础是要识真贫、真识贫，否则无异于沙滩建楼。会后，广西壮族自治区决定重新开展一次精准识别贫困村贫困户行动，以找准扶贫对象。2015 年 7 月，广西壮族自治区党政主要领导带队赴甘肃、宁夏学习考察，重点学习了这两个省份脱贫攻坚的成功经验和做法。当年 8 月，广西壮族自治区党政分管领导带队到贵州省学习，主要学习贵州识别扶贫对象的做法。随后，广西壮族自治区扶贫办结合赴外省学习情况和广西实际，组织人员设计识别指标并起草工作方案。就在全区精准识别行动即将启动之际，2015 年 10 月 8 日，审计署通报了广西马山县扶贫有关问题，指出马山县识别贫困人口存在不精不准的问题。马山县问题曝光后，广西上下统一思想认识，坚定了开展精准识别的决心。为此，广西壮族自治区党委、政府决定从 2015 年 10 月到 2016 年 1 月，结合国家建档立卡"回头看"工作，举全区之力开展一次精准识别贫困人口行动。

第二节　主要做法

一　创建一套精细的指标体系

对照"两不愁三保障"标准，开展广泛调研，反复进行试点，多次进行修改，精心设计出一套涵盖农户人口、耕地、住房、劳动力、子女入学、病残成员、农机、家电、饮水安全等18类98项内容的识贫指标体系。这套指标最大的特点就是将农户收入等难以统计、难以衡量的指标，通过一系列与家庭贫富程度密切相关的可视因素进行量化、细化，更直观地反映农户的贫困程度、更深入地了解致贫原因，让识别更具可操作性。

二　统一组织动员培训

2015年10月12日至16日，广西壮族自治区党委、政府召开全区精准扶贫攻坚动员大会暨贫困村党组织第一书记培训会，会议直接开到村，用5天时间，安排部署识别工作，对识别的标准及要求进行培训。自治区、市、县三级参照追加安排专项工作经费，全区累计投入约3.2亿元。各级定点扶贫单位根据派出第一书记的人数，按照1∶3到1∶5的比例增派精准识别工作人员。全面识别前，各县组织本县所有识别工作队员，到1个贫困村和1个非贫困村开展试点，吃透标准、熟悉程序、掌握要求后再全面铺开。进入建档立卡阶段前，全区又召开专题视频会议，对参与建档立卡的所有人员进行业务培训。

三　开展一轮翔实的识贫调查

采取"一进二看三算四比五议"的方法，自下而上，对贫困村所有农户、非贫困村在册贫困户及新申请农户，逐户打分，评估贫困程度，共对488万农户2000多万农民进行了一次全面细致的家庭经济状况调查。入户评估打分全部由工作队员完成，村干部只负责带路，避免人情分。

"一进"：指工作队员进入农户家，与户主及其他家庭成员进行交流，了解家庭情况、生活质量状况、子女读书情况、家庭成员健康情况等。

"二看"：指看住房、家电、农机、交通工具、水电路和农田、山林、种养等生产生活条件。

"三算"：指算农户收入、支出和债务，但不计入评分表，只注明作为评议时的一种参考。

"四比"：指与本村（屯）农户比住房、比收入、比资产、比外出务工。

"五议"：指议评分是否合理，是否漏户，是否弄虚作假，是否拆户、分户、空挂户，家庭人口是否真实。

四　设定一套严格的识贫程序

将入户打分结果统一录入广西建档立卡信息系统，建立全区精准识别贫困户数据库，参照高考分数线划定方式，以县为单位，按国家统计局核定的贫困人口数分别划定贫困人口分数线。各地根据分数线，按"两入户、两评议、两审核、两公示、一公告"程序，确定本县贫困户名单。为防止"富人戴穷帽"，广西明确了"八个一票否决"事项（如家中有财政供养人员、有注册公司、有城镇购买商品房或自建房、有具一定价值的车辆等），并组织自治区扶贫、编制、公安、财政、国土、住建、税务、工商等部门对农户信息进行联合检索，经过 730 万亿次信息数据比对分析，经县级复核，精准剔除 50 万户不符合标准的农户。

五　实时释疑解惑和督查问责

采取边识别、边指导、边督查工作法，广西壮族自治区成立 7 个指导组，深入各市、县巡回指导。识别期间，在《广西日报》头版开设精准识别专栏，宣传解读识别标准。自治区扶贫办开通 24 部热线电话，接受群众咨询、投诉和举报，每天接听电话 2000 多个。组织专项督查，督查结果形成简报和通报，分送自治区、市、县党政一把手，让各级"一把手"看得到、有对比、有触动。识别期间，对 20 多个县区进行了通报批评，对 3 个县区的负责人进行了问责。

六　建立后续动态管理机制

每年按国务院扶贫办部署要求，开展建档立卡扶贫对象信息采集、录入、审核和更新，确保数据动态精准。2017 年 4 月，在全国率先出台建档立卡扶贫对象动态管理办法。每年 5～6 月，开展一次贫困人口动态调整，由自治区统一制定区、市、县、乡、村五级贫困人口动态调整工作流程，以自然村（屯）为单位实施，重点对生活困难、家有重病患者、住危房等建档立卡边缘户进行识别或返贫认定，做到应纳尽纳、应返尽返、应剔尽剔。在全国率先建立扶贫信息员队伍，共 1.72 万人，特别是保证每个贫困村有 1 名专职扶贫信息员，每个有扶贫任务的非贫困村有 1 名兼职扶贫信息员，确保信息采集、录入、更新等动态管理工作有人管、有人干。

第三节　主要成效

一　解决了"扶持谁"的问题

通过全面精准识别，基本把符合国家贫困标准的贫困人口找了出来，建立了档案信息。在 2015 年国家精准扶贫工作成效第三方试评估中，广西贫困人口识别准确率达 99.76%，居全国首位。在 2016 年国家扶贫成效第三方评估中，广西贫困人口识别准确率达 99.56%，高于全国平均水平（97.91%）。在 2019 年国家扶贫成效第三方评估中，广西贫困人口识别准确率达 100%。

二 解决了"怎么扶"的问题

通过精准识别,把634万建档立卡扶贫对象的基本情况特别是致贫原因、贫困类型等建立了数据档案,找到了"贫根",为精准施策打下了良好基础。通过建档立卡数据分析,结合实际确定了"八个一批"的脱贫路径,实施了脱贫攻坚"十大行动",出台了"1+20"政策文件及后续配套实施方案,为贫困户量身定做"脱贫套餐",确保扶到点上、根上。

三 解决了"如何退"的问题

精准识别和建档立卡是扶贫对象的入口关,入口准是退出准的前提和基础。高质量的识别和建档立卡数据,为广西开展贫困户脱贫"双认定"提供了信息依据,客观、准确、全面地反映扶贫对象的收入增长情况、"两不愁三保障"实现情况、帮扶前后变化情况等,有效保证了广西脱真贫、真脱贫。

第四节 主要经验

一 领导重视是根本

无论工作千难万难,只要主要领导重视就不难。广西壮族自治区精准识别工作中的设计、调研、部署、检查等环节,自治区党政主要领导审核方案、动员部署。各市、县党政主要负责人具体抓落实,为工作顺利开展提供了根本政治保障。

二 设计指标是基础

精准识别,在于贫困户经济收入难以认定,且仅凭人均收入指标,难以全面反映贫困程度。时任自治区党委书记2015年8月到罗城县调研时,曾到贫困户潘金花家问:"你家年收入多少?"潘金花告诉他:"女儿女婿每年打工寄回来一点钱。"他又问:"一点钱是多少?""一点啦,油盐钱。""一点油盐钱是多少?"他再问,潘金花还是回答"一点钱"。贫困户的家庭收入自治区党委书记都问不出来。为此,我们果断去掉了识别指标中的收入项,把收入水平量化、具体化,换成更直观的住房、家电、农机等具体实物性指标,设计出了一套通俗易懂、操作性强、接地气的识别指标体系,为顺利开展精准识别提供了基础保障。

三 提前培训是重点

精准识别要落实落细,关键是去识别的人要吃透标准和要求,这样才能事半功倍。

为此，广西壮族自治区用 5 天时间召开视频会议，对参加识别的业务骨干进行了集中培训。会议期间，白天集中上课，晚上由各县组织讨论，吃透白天培训内容，探讨有关问题，确保每一个人都真正掌握要领，这为顺利完成精准识别提供了人力保障。

四　严把程序是核心

精准识别要公平公正，符合实际，必须严格按照规定程序开展。为此，广西壮族自治区规定村干部不参与打分，实行了"两入户、两评议、两审核、两公示、一公告"程序，明确"八个一票否决"事项，组织联合财产建设及实时督导，这些为精准识别提供了质量保障。

五　动态管理是关键

精准识别只是第一步，不可能一劳永逸，必须实行动态管理，确保建档立卡信息动态精准。为此，广西壮族自治区出台了扶贫对象动态管理办法，建立了一支稳定的扶贫信息员队伍，为确保扶贫对象精准提供了机制保障。

第五节　值得学习和借鉴之处

一　一整套精准识别的指标体系

广西壮族自治区设计的 18 类 98 项指标体系及"八个一票否决"事项，是在多次调研、反复试点基础上制定的，并经过了识别检验，实践证明是非常科学、很符合农村实际的指标体系，可以作为精准识别的标准指标加以推广。

二　一整套严谨严格的识别工作流程

广西壮族自治区精准识别采取的"一进二看三算四比五议"识别法、"两入户、两评议、两审核、两公示、一公告"程序，实践证明是可操作、严要求的工作方法，可以最大限度避免违规操作、优亲厚友等不公平不公正的行为，可保证识别质量。

三　一支稳定的扶贫信息员队伍

精准识别和建档立卡后，扶贫对象的信息谁来采集？谁来更新？谁来把关？这些都需要有专人去干、去管，为此，广西壮族自治区建立了一支相对稳定、业务能力强的专业队伍，为各地开展扶贫对象动态管理提供了经验借鉴。

第二章
海南琼中县"12345"精准识别模式

自吹响打赢脱贫攻坚战"冲锋号"以来，琼中县坚持把脱贫攻坚作为一号工程，认真贯彻落实习近平总书记关于扶贫开发"精准扶贫、精准脱贫"的方略思想，牢牢抓住"精准识别"这个关键，以"工匠精神"和"绣花功夫"不断创新精准识别模式，为琼中成为海南首批脱贫摘帽市县奠定了坚实的基础。

第一节　时代背景

打赢脱贫攻坚战、全面建成小康社会，是我们党向全国各族人民作出的庄严承诺，也是我们向全世界展示大国担当的重要体现。以习近平同志为核心的党中央高度重视脱贫攻坚工作，2013 年 11 月，习近平总书记到湖南湘西考察，首次提出"精准扶贫"，为我们打赢脱贫攻坚战提供了根本遵循。2015 年 11 月，中共中央、国务院下发了《关于打赢脱贫攻坚战的决定》；12 月，国务院扶贫办主任刘永富指出，"六个精准""五个一批"是精准扶贫和精准脱贫的基本要求与主要途径，要锁定 7000 多万农村贫困人口，建档立卡，分类施策，不留锅底。海南省委、省政府非常重视贫困对象精准识别工作，强调精准识贫是精准扶贫、精准脱贫的"第一粒扣子"，要求建立精准识贫动态管理机制，坚决做到应纳尽纳、应退尽退。在党中央、海南省委的统一领导下，自 2016 年起，琼中县把精准识别贫困对象作为打赢脱贫攻坚战的"首场战役"，通过借鉴省内外经验做法，不断创新总结，健全工作机制，形成了"12345"精准识别工作法，走出了一条扶贫对象精准识别、动态管理的新路子，得到国务院督导组和省委的充分肯定。

第二节　主要做法

"12345"精准识别工作法，概括起来，"1"即所有农户走访 1 遍，"2"即问家庭生产、生活条件，"3"即听农户介绍，听村小组、村"两委"意见，"4"即看房、看粮、看家中有无读书郎、看是否有人卧病床，"5"即按照"一申请、两评议、两公示、一比对、一公告"五大步骤，对符合建档立卡条件的农户及时纳入，真正做到"家底清楚，对象精准"。具体做法如下。

一　所有农户必访一遍

采取日常走访和专项走访相结合的方式，每年至少走访所有农户1遍以上。一是开展日常走访。创新"23451"驻村工作机制，即5个工作日，县领导下村2天、帮扶单位干部下村3天、乡镇干部下村4天，双休日帮扶领导干部下村1天，对全村常住人口逐一入户走访，了解群众诉求，摸清底数，掌握一手民情资料，为下一步分析研判打好基础。二是开展专项走访活动。在日常走访的基础上，每年固定开展一次全县农村户籍人口大排查，对贫困户、低保户、特困户、残疾户"四类"重点人群和"非四类"人群（一般农户）逐户走访排查，根据实际情况填写《海南省琼中县农村户籍人口全面排查暨漏评错退错评全面筛查工作入户调查表》，对全村户籍人口进行打分，通过量化分值以及日常走访掌握的情况评判是否纳贫或作返贫处理。

二　入户访谈"两必问"

在开展遍访工作过程中，以农户家庭生产情况和生活条件作为访谈切入点，一是询问农户家庭的主要收入来源和种植业、养殖业等产业发展情况，家庭成员外出务工或就业情况，家中是否有商品房、商铺、大型农机具、家用轿车，以及家庭成员中是否有公职人员（含已分户直系亲属）等，以此计算农户家庭人均纯收入是否低于当年省定贫困标准。二是询问农户家庭日常生活情况，主要了解是否有家庭成员患大病、长期慢性病，是否有家庭成员遭受意外事故、重大变故，是否有适龄人员上学，家庭刚性支出是否较大。通过询问农户家庭生产情况和生活条件，逐户测算农户家庭收入和支出，做到对农户收支和贫富情况心中有本"明白账"。

三　入户意见"三必听"

坚持开门纳谏，注重听取其他农户、村小组和村"两委"干部意见，通过群众提、大家议，广泛征求吸纳意见，做到不偏听、不偏信。一是听取农户左邻右舍意见，对农户所反映的信息，在访谈询问农户左邻右舍的过程中，同步做好核实，主要核实信息是否隐瞒、夸大或造假。二是听取村小组干部的意见，村小组干部在日常生产生活中与农户接触较多，因此对所有农户访谈完毕后，向村小组干部再次求证，可进一步挤掉信息"水分"、提取"干货"。三是听取村"两委"干部意见，综合农户个人反映和村小组干部初核的信息，对疑似信息，与村"两委"干部进一步核实研判，保证所有农户信息最终完整、真实可靠。

四　入户情形"四必看"

按照"两不愁三保障"的指标要求，通过查看农户房屋、粮食储备、子女教育及家庭成员健康等实际情况来更精准地识别农户的贫困程度。一是"看房"，主要是看住房是否为C、D级危房、人均住房面积是否小于规定标准以及建好的房是否严重漏水。二是"看粮"，主要是看农户家中是否有足够的存粮，以及是否有米缸、米桶、米袋子等用于存储粮食的器皿。三是"看家中有无读书郎"，主要是看农户家中是否有适龄子女未上学接受教育，是否存在因贫辍学的现象。四是"看是否有人卧病床"，主要是看农户家中是否有家庭成员患大病、长期慢性病，是否有因遭受意外事故或重大变故而行动不便、生活困难的家庭成员，以及虽无上述情况，但医疗刚性支出较大的家庭。通过"四看"，对每个农户情况有了更进一步的直观感受，对下一步是否纳贫提供了关键性依据。

五　纳贫程序"五必过"

通过"一访二问三听四看"，基本上对所有农户的情况做到知根知底，接下来围绕是否纳贫或者作返贫处理，严格按照"一申请、两评议、两公示、一比对、一公告"五大程序展开。"一申请"，即对入户走访中发现疑似贫困的农户，动员其提出纳贫申请，由驻村工作队帮助其提交申请书，并完善相关资料，报村委会集中汇总。"两评议"，即村小组评议、村委会评议。村委会根据农户申请，下发至各村小组召开村民代表会议，对各农户的情况逐一进行评议，汇总贫困户名单，并将初步调查结果向村小组群众公布，听取群众意见。群众进行第一次民主评议后，将各类名单上报村委会；村委会召集工作队成员、村"两委"干部、乡镇驻村干部、驻村工作队和村民代表对各村民小组提出的名单进行第二次民主评议。"两公示"，即村委会公示、乡镇公示。村委会民主评议后，根据评议结果，拟定初步名单，并形成第一次公示材料，在各村民小组公开场所公示10天。若群众有异议，则由工作队组织调查核实并及时处理；若没有异议，则由村委会将名单上报乡镇审定。名单经各乡镇审定无误后，将在各村委会、村小组公开场所公示10天，若群众有异议，则由乡镇组织核实并及时处理；若没有异议，则由乡镇报县扶贫开发工作领导小组。"一比对"，即县比对，以县为单位，组织住建、公安、工商、财政等部门对入户采集的信息数据进行比对，加强对家庭是否拥有城镇住房、车辆、经营实体、财政供养人员等重点数据信息进行核实的工作，形成完整准确的信息数据资料。"一公告"，即县级公告，信息数据经复核无异议后，由县扶贫开发工作领导小组确定纳入建档立卡管理,并将结果在县人民政府网站公告 10 天。

第三节 主要成效

通过"12345"精准识别工作法,琼中精准识别工作取得了显著成效,主要体现在三个方面。

一 动态管理更加科学

自实施"12345"精准识别工作法后,琼中进一步健全完善贫困人口动态管理机制,常态化推行"23451"驻村工作机制,从 2016 年至今共启动 10 轮农村户籍人口全面排查工作,琼中贫困人口 2014 年为 8665 户 36004 人,通过精准识别,清退不符合标准的贫困人口,重新精准核实全县建档立卡贫困人口 5959 户 23985 人。截至 2019 年末,脱贫退出 5940 户 23930 人,44 个贫困村全部脱贫出列,剩余未脱贫 19 户 55 人,贫困发生率由 2014 年的 34.6% 降至 0.04%,经国家、省多次考核及第三方评估多次反馈,确认综合贫困发生率为 0.38%,错退率、漏评率均为零,群众对脱贫攻坚的认可度达 94.98%,精准识别为后续精准帮扶、精准退出等工作奠定了坚实的基础。

二 分类施策更加有效

由于做到了精准识别,琼中在制定扶贫政策方面能更好地做到有的放矢,根据建档立卡贫困人口的致贫原因,按照"两不愁三保障"要求,制定了"1 + 13 + 36"脱贫攻坚制度体系["1"即脱贫攻坚"十三五"规划纲要,"13"即年度实施方案及农业特色产业等"十二个一批"子方案,"36"即扶贫资金项目管理、扶贫物资(种苗)采购等配套政策],真正做到聚焦重点、靶向治疗。比如,针对贫困户生产技能不高的问题,琼中创新"龙头企业(或专业合作社、村集体经济、种养大户)+ 基地 + 贫困户"四种产业扶贫模式,建成产业扶贫示范基地 127 个,规范运营专业合作社 48 家,创新实施经营主体"带动奖补"、贫困户"以奖代补"等政策,引导经营主体带动贫困户在生产中学习技能,实现抱团发展、永续脱贫,并在全国、全省产业扶贫现场会上交流推广农业特色产业扶贫经验。比如,针对贫困户住房为 C、D 级危房问题,将富美乡村建设与贫困村整村推进相结合,实行危房改造指标三年滚动计划,对农村危房改造不限指标、不限名额,应改尽改,对四类人员 C、D 级危房,按照每户补助不超过 6 万元的标准进行修缮加固或重建。2015 年至 2019 年,推动四类人员危房改造 6616 户。比如,针对贫困家庭适龄学子上学难的问题，率先在全省建立贫困家庭学生"全程资助"和"一对一"关爱体系，对有学习能力但无法到特殊教育学校或无法随班就读的残疾学生，安排送教上门，累计发放生活补贴和国家助学金9166.58万元，惠及贫困学子26112人次，让义务教育阶段适龄学生不会因贫辍学。琼中作为全国唯一一个县级单位在全国教育扶贫现场会上作了经验交流，并作为义务教育发展基本均衡县通过国家验收。再比如，针对贫困户家庭成员患大病的问题，创新实行"一站式"结算、"家庭签约医生"服务、"绿色通道"就诊、"先诊疗后付费"医疗帮扶等机制，率先在全省推行医疗补充商业保险和贫困人口专项资金救助，筑牢健康扶贫"五道防线"，家庭医生签约服务签约率达到100%，住院费用实际报销达90%，慢性病门诊医疗报销比例达到80%，其经验做法在全国健康扶贫动态管理研讨会上被推广，被推荐参评国家健康扶贫示范县。在帮扶力度不断加大、帮扶政策层层加码的情况下，2018年末，琼中如期退出贫困县序列，2019年6月顺利通过国扶办专项评估验收，成为海南首批脱贫摘帽市县。

三　群众更加认可扶贫工作

琼中各级各部门在实施"12345"精准识别工作法的过程中，以"察民情、解民难、保民生"为主题，把问题作为最大的财富，深入群众中多发现问题、多解决问题，进一步拉近干群关系，提高了广大群众对扶贫工作的认可度。比如，深入开展干群一家亲"五个一"活动，即各帮扶责任单位与农户吃一顿饭、开一次家庭会、宣讲一次政策、做一件实事、打扫一次卫生，及时发现农户在生产生活中存在的问题和具体困难，并采取措施加以解决，以重拾"与群众同坐一条板凳"的作风，引导广大农户共同打赢这场脱贫摘帽的全民战役。再比如，开展代办服务行动，各乡镇、帮扶责任单位常态化为农户提供低保兜底、医疗救助、养老保险、办证审核、农技帮助等代办服务，定期到农户家中开展生产指导、抢种帮收、农产品销售等力所能及的义务工作，让群众遇事第一时间能想到帮扶干部、办事第一时间能找到帮扶干部，不出门、不出村就能方便快捷地办事。开展扶贫济困行动，在中秋、国庆等重大节日，各帮扶责任单位对全村高龄老年人、残疾人、重病患者、零就业的困难家庭等特殊群体，开展走访慰问活动，确保特殊困难群体的基本生活得到保障，让他们切身地感受到党和政府的温暖。同时，对个别农户存在争当"贫困户"、恶意"碰瓷""投机"骗取政策扶持等心理和行为，通过开展群众谈、群众点、群众评、群众表决的活动，打击恶意伸手要扶持的反面典型等方式，让群众从懂理变为讲理，从心里不服变为心服口服，让他们由衷地感受到党和政府的扶贫政策是真正的公平、公正，是真真正正地为老百姓服务。

第四节 主要经验

通过实施"12345"精准识别工作法，也总结出一些经验，主要体现在四大方面。

一 坚持把加强思想认识放在首位

琼中县委、县政府坚持精准识别的"首战思维"，将精准识别纳入重要议事日程，出台了《琼中扶贫开发建档立卡工作方案》等系列文件，夯实了精准识别的工作基础。同时，重视与海南省内外先进地区的沟通交流，及时派专员到贵州、江西等地学习精准识别的经验和做法，结合琼中实际，不断完善创新。比如，从贵州、江西学习交流回来后，琼中把"四必看"作为一项重要内容，为精准识别工作提供了具有参考价值的依据。同时，定期召开专题会研究部署精准识别工作中发现的问题，真正把精准识别工作研究透彻、部署到位、落实到位。2016年，海南全省精准扶贫建档立卡工作现场会在琼中召开，琼中作为先进典型在会上做经验介绍。实践证明，只有思想上高度重视，才能推进精准识别工作取得立竿见影的效果。

二 坚持以党建引领为核心

为加强精准识别工作，创新"党建＋扶贫"模式，推行"县领导驻点、乡镇包片、部门包村、干部包户"四级联动帮扶，琼中选派96名机关干部担任驻村第一书记，1735名干部开展联村帮扶工作，为精准识别工作提供了组织保障。特别是创新实施"23451"驻村工作机制后，广大党员干部吃在村、住在村，与群众打成一片，及时跟踪发现群众反映的重点难点问题，掌握了精准识别的第一手资料。比如，和平镇新兴村驻村第一书记、县统计局副局长邢维平，驻村三年来，共记录8本"民情日记"，对全村220户农户实现走访全覆盖，做到知百家情、解百家困，动态监测每个农户的家庭情况。实践证明，只有通过"党建＋扶贫"模式，充分调动广大党员干部的主动性、积极性，精准识别工作才能具有更加牢固、更加可靠的支撑，"第一粒扣子"才能扣准、扣好、扣稳。

三 坚持以解决问题为导向

精准识别是精准扶贫的关键和基础，目的是因村因户因人施策，做到对症下药、精准滴灌，确保各项扶贫政策措施准确到村到户到人。琼中县坚持以问题为导向，按照贫困人口缺什么补什么的原则，聚合专项扶贫、行业扶贫和社会扶贫力量，出台"十二大脱贫工程"，在农业特色产业、生态旅游、就业服务、危房改造、教育发展、医疗健康、基础设施建设、金融扶贫、生态补偿等方面持续发力，推动农村贫困人口收入稳步提升，农民人均纯收入增幅连续五年全省排名第一，贫困村基础设施和基本公共服务不断完善，荣获"十佳精准扶贫创新县"等多项殊荣，全县贫困人口和44个贫困村实现有计划、有步骤、分年度、分批次脱贫退出，最终于2018年末实现全县脱贫摘帽。实践证明，只有对象精准，搞清楚"扶持谁"，才能为贯彻执行"六个精准""五个一批"到村到户到人搭建有效平台，才能明确工作方向，做到科学分类施策，为扶贫政策落地见效提供保证。

四　坚持以基层民主政治为保障

精准识别是一场自下而上的基层群众民主评议工作。在实践过程中，琼中注重保障群众在精准识别实践过程中的参与权和话语权，一切可以由群众参与的事务尽可能发动群众来做，不断扩大村民议事、利益表达、民间商议的公共空间，扩大群众知情权和监督权。比如，在召开村小组评议会的过程中，要求全村2/3以上的农户参加，在村小组评议会上，要求申请纳入贫困户的农户向参会人员介绍家庭人口、住房、产业、收入、资产等情况，让与会的农户充分听取情况介绍，实行无记名投票，同时当场统计和公布投票结果，将达到要求的农户信息报送村委会进行村委会评议，保证识别程序在阳光下运行，避免暗箱操作。实践证明，只有坚持在党的领导下，充分尊重群众的意见建议，强化群众民主实践，引导他们遵守民主程序和"少数服从多数"的议事规则，精准识别才能获得广大群众的理解和支持，才能真正地做到经得起群众和历史的检验。

第五节　值得学习和借鉴之处

通过总结归纳"12345"精准识别工作法，我们认为有些做法可以推广开来，主要体现在以下几个方面。

一　建立群众遍访机制

没有调查就没有发言权。琼中精准识别工作的首要一环，就是不间断地开展群众遍访工作，通过创新实施"23451"驻村工作机制，以及开展农村户籍人口全面大排查工作，进一步摸清问题，找准薄弱环节，对排查出现的疑似问题和人员分类处置。同时，通过遍访农户全覆盖，及时解决群众合理诉求，开展扶贫政策和帮扶工作宣传，让农户亲身感受扶贫所带来的变化，增强农户对扶贫工作的认同感和满意度。

二 完善群众会谈机制

群众的事情要由群众议、群众定。习近平总书记指出："在中国社会主义制度下，有事好商量，众人的事情由众人商量，找到全社会意愿和要求的最大公约数，是人民民主的真谛。"要坚持个别面谈和集体会谈相结合，在个别群众面谈充分酝酿的基础上，开展群众性集体会谈，不断拓展群众知情权、参与权、监督权的广度和深度，为精准扶贫、精准脱贫赢得广泛支持。实践中，琼中通过开展"五个一"活动，向群众宣传学习国家、省、县扶贫政策及相关惠农政策，听取和了解群众对全村产业发展、基础设施建设、民生项目等方面的意见、需要解决处理的困难问题以及其他有争议事项，开展协商处理、情况通报或意见反馈工作，做到户户见面、户户参会、人人参与、人人知晓，尊重贫困地区群众在脱贫致富中的主体地位，引导广大群众支持和参与打赢脱贫攻坚战的伟大事业。

三 加强大数据运用

在实践中，海南省打赢脱贫攻坚指挥部指导琼中在传统纳贫程序"一申请、两评议、两公示、一公告"四大步骤的基础上，加上了一个程序"一比对"，运用大数据平台，通过综合住建、公安、工商、财政、金融等部门的数据信息，比对农户家庭拥有城镇住房、车辆、经营实体、财政供养人员等方面的情况，充分弥补了入户调查核实主观面上的不足和差距，很好地解决了精准扶贫工作中恶意隐瞒真实情况、弄虚作假等问题，从而充分地保证了精准扶贫的合理、合情、合法。

第三章
广西贫困人口精准脱贫模式

广西壮族自治区认真贯彻落实习近平总书记解决好"如何退"问题的重要指示精神，从脱贫计划制定、精准施策、脱贫认定、成效考核、巩固成果等方面，建立了一套贫困人口精准退出的机制，确保精准脱贫、稳定脱贫。

第一节　时代背景

2015 年 11 月，习近平总书记在中央扶贫开发工作会议上强调，要解决好"如何退"的问题。精准扶贫是为了精准脱贫，目的和手段关系要弄清楚。要加快建立反映客观实际的贫困县、贫困户退出机制，努力做到精准脱贫。随后，广西壮族自治区党委、政府从识贫、扶贫、脱贫全过程开展顶层设计，把"精准"贯穿脱贫攻坚全过程，根据习近平总书记的重要讲话精神，以及国家出台的贫困退出机制，结合实际，从贫困人口脱贫计划制定、细化量化脱贫指标、完善脱贫认定程序、开展脱贫对象核验、强化跟踪帮扶等 5 个方面，出台相关政策文件，设计出一整套符合国家要求、独具广西特色的贫困人口精准脱贫机制，为打赢脱贫攻坚战提供了保障。

第二节　主要做法

一　科学制定脱贫计划

广西壮族自治区制定了广西"十三五"脱贫摘帽滚动计划，根据年度脱贫计划完成情况进行动态调整完善。在制定年度贫困人口脱贫计划时，为从源头上防止基层分指标、不精准，广西决定借鉴财政预算编制方法，实行"两上两下一微调"。

"一上"，即由市、县（市、区）、乡镇逐级召开会议，对贫困人口脱贫计划制定工作部署，组织力量进村入户，根据贫困户实际情况及脱贫难度等，综合分析确定年度计划脱贫户，并在全国扶贫开发信息系统中标示出来，脱贫计划经乡镇初审、县级审核、市级复核抽查后上报自治区。

"一下"，即由自治区对各市上报的脱贫计划，结合系统标识贫困户的信息进行分析，组织区直"两不愁三保障"等部门会审后，向各市反馈初审后的脱贫计划。

"二上"，即各市将自治区"一下"的初步计划再返回所辖县，各县将计划分解到乡、村、屯，入户核实、综合分析后，再次将"二上"脱贫计划逐级审核上报至自治区。

"二下"，即自治区将经自治区扶贫开发领导小组审核同意的贫困人口脱贫指导性计划下发各市，各市督促县做好计划脱贫户调整的标识工作，并将计划脱贫户名单告知帮扶联系人。

"一微调"，即根据实际工作中的变化情况，每年10月31日前，各县组织帮扶干部入户，对贫困人口脱贫指导性计划进行微调，将确实达不到脱贫标准的调出计划，同时将可以达标的、指导性计划之外的贫困户纳入计划，使计划更符合实际。

二　因户因人精准施策

贫困人口脱贫指导性计划下达后，各县着力在精准施策上下功夫，重点加大对当年计划脱贫户的扶持，确保如期脱贫。全区共落实52.3万人结对帮扶贫困户并联系贫困户家庭学生，实现"一帮一联"全覆盖。帮扶干部按照"八个一批"脱贫路径，结合"十大行动"，紧紧围绕贫困人口脱贫"一过线、两不愁、三保障"，指导贫困人口发展产业、稳定就业，落实教育、医疗、住房保障等政策，落实社会保障兜底措施，确保贫困人口达到脱贫标准。建立了"一户一册一卡"模式，自治区统一制定下发《帮扶手册》和《帮扶联系卡》，《帮扶手册》由贫困户、帮扶干部各持一本，内设干部入户帮扶记录、帮扶计划、农户每月家庭收支和政府各项惠民补助政策等栏目，帮扶干部每月登门开展帮扶并与农户盘点、逐笔登记收支情况，双方共同签字确认。《帮扶联系卡》上注明帮扶联系人手机号码等信息，方便贫困户随时联系。通过"一户一册一卡"模式，不仅可以清楚记录贫困户实际收入情况，更重要的是可以根据不同家庭的具体情况有针对性地实施帮扶，把党和政府的各项惠民政策明明白白地告诉群众，让贫困家庭"对号入座"。同时有利于干部切实转变作风，真正深入贫困家庭中，把工作做细做实。

三　细化量化脱贫标准

广西壮族自治区坚持现行扶贫标准，对照国家"两不愁三保障"要求，结合实际进行量化，制定了贫困户"八有一超"脱贫标准（有稳定收入来源且吃穿不愁、有住房保障、有基本医疗保障、有义务教育保障、有安全饮水、有路通、有电用、有电视看，年人均纯收入稳定超过国家扶贫标准），每个指标都可计量、可考评，增强了贫困人口脱贫认定的可操作性。根据每年工作情况和基层意见，对脱贫标准进行微调，使之更加聚焦"两不愁三保障",更能体现稳定脱贫的要求。在广西,几乎所有的领导干部和扶贫干部都对贫困户"八有一超"脱贫标准烂熟于心,这一标准已家喻户晓。

四 组织脱贫"双认定"

关于脱贫,习近平总书记强调,"要实行逐户销号,做到脱贫到人,脱没脱贫要同群众一起算账,要群众认账"。为此,广西贫困户脱贫实行"双认定",即乡镇组织脱贫摘帽核验工作队(由县乡干部、驻村第一书记、驻村工作队员组成,每组两人以上),对照贫困户"八有一超"脱贫标准入户逐一核验,要求帮扶联系人在场,达到脱贫标准的,填写《贫困户脱贫摘帽"双认定"验收表》,由户主与核验工作队员、帮扶联系人共同签名确认。同时,贫困户脱贫严格按照入户核验、村级评议、乡镇审核公示、县级审定公告、设区市和自治区备案等五步程序进行,确保真脱贫、脱真贫。"双认定"工作统一于每年11月上旬至12月上旬进行,为期一个月,全区统一部署、统一时间、统一要求、统一开展。

五 实行"四合一"实地核查

各地组织"双认定"并在系统进行脱贫标识后,每年12月底前,自治区统一抽调1000人以上,到14个市和106个有扶贫开发工作任务的县,开展扶贫成效及脱贫对象"四合一"实地核查,参照国家脱贫攻坚成效考核特别是第三方评估的方法,对各市、县脱贫户、摘帽村进行抽查,严格对标对表核查,不允许任何人降低标准和放宽要求,做到所有核查步骤一个不落,确保脱贫结果和成效"货真价实",经得起考核和时间、实践的检验。

六 建立防止返贫机制

建立脱贫户返贫预警和干预机制,开展返贫常态化预警,及时发现脱贫户因灾、因病等返贫风险,并采取干预和帮扶措施,对干预后仍返贫的,及时纳入建档立卡贫困户予以扶持。坚持脱贫不脱政策、脱贫不脱帮扶、脱贫不脱考核,对脱贫户继续安排干部帮扶,使其继续按规定享受相关扶贫政策,落实出列村、摘帽县的后续扶持政策,并严格进行考核评估,巩固脱贫成果,严格脱贫销号。

第三节 主要成效

一 确保了脱贫精准

广西壮族自治区贫困人口退出准确率一直位居全国前列。在2015年国家扶贫成效第三方试评估中，广西贫困人口退出准确率达 97.21%，居全国第 2 位；在 2016 年国家扶贫成效第三方评估中，广西贫困人口退出准确率达 98.79%，比全国平均水平（96.78%）高 2.01 个百分点；在 2019 年国家扶贫成效第三方评估中，广西贫困人口退出准确率达 100%。

二 有效防止指标脱贫

"两上两下一微调"工作法倒逼各地实打实地摸清贫困户的真实情况，使贫困人口脱贫计划制定得更符合实际，有效防止各地为了贫困村摘帽集中分指标，或有贫困人口的非贫困村没有贫困人口脱贫等问题。

三 有力促进了"三落实"

贫困人口精准脱贫机制倒逼各地特别是县级党委、政府履行脱贫攻坚主体责任，从制定脱贫计划、落实帮扶政策、开展脱贫认定、组织脱贫核验、巩固脱贫成果等各方面，都有标准、有规定、有要求、有考核，有效促进了脱贫攻坚责任、政策及工作落实。

第四节 主要经验

一 制定计划是基础

脱贫准的基础是计划准。磨刀不误砍柴工，组织各地科学、精准、合理地制定年度贫困人口脱贫计划，是确保精准脱贫的基础，只有靶心找准了，才能让帮扶有目标。

二 精准帮扶是核心

精准脱贫必须通过精准帮扶，根据贫困户、贫困人口的贫困类型、致贫原因、脱贫需求等，分类帮扶、精准施策，推动扶贫政策落实到户到人，解决影响贫困户脱贫的突出问题，促进贫困户稳定增收，实现"两不愁三保障"，让贫困人口有获得感、幸福感，由此他们才会对脱贫成效认可和满意。

三 明确标准是关键

国家关于贫困户退出的要求是实现"两不愁三保障"，没有具体标准。广西对照"两不愁三保障"细化量化成贫困户"八有一超"标准，让脱贫认定更直观、更可操作，也更具备可考核性。

四 严格核验是保障

脱贫要精准，就要经得起严格的考核评估，广西设计的"四合一"实地核查步骤和流程，要求非常严格，有效保证了脱贫质量，让脱贫结果经得起检验，也更能得到社会认可。

五 防止返贫是重点

广西坚持脱贫与防止返贫两手抓，明确脱贫攻坚期内，脱贫户可继续享受相关扶贫政策，继续安排干部帮扶联系，建立了贫困户返贫预警干预机制，每年对脱贫户进行督查、考核。

第五节 值得学习和借鉴之处

一 制定贫困人口脱贫计划

广西壮族自治区采取的"两上两下一微调"的工作方法，实践证明非常有效，在防止指标脱贫和低质量脱贫方面发挥了重要作用。

二 贫困户脱贫"双认定"

"双认定"工作既确认了基层和帮扶联系人的脱贫攻坚责任，也确保了脱贫成效让贫困户认可，有效防止"被脱贫"和"假脱贫"。

三 "四合一"实地核查

广西壮族自治区将市、县扶贫成效考核与脱贫对象核验进行统筹整合，这一做法既符合当前中央关于统筹规范各类督查检查考核的最新精神，也有效核实了脱贫质量，更减轻了基层迎检迎评的负担。

第四章
广西平果县"13345"工程促高质量脱贫模式

平果县属滇黔桂石漠化片区"天窗县"。全县共有贫困村 54 个,贫困户 13912 户 52587 人,贫困发生率为 15.26%。脱贫攻坚战全面打响以来,平果县紧紧围绕精准扶贫、精准脱贫方略,结合实际,大力实施脱贫奔康"13345"工程,凝心聚力抓落实,突出重点补短板,在高质量脱贫上走出了坚实的一步。于 2018 年顺利实现整县脱贫摘帽目标,截至 2019 年底,全县共有 52 个贫困村 13174 户 51124 人脱贫出列,贫困发生率降至 0.3%。脱贫成效两次被自治区评为优秀。

第一节 围绕一个总方案 构建全县 "一盘棋"大扶贫新格局

坚持以脱贫攻坚统揽经济社会发展全局,出台《平果县脱贫攻坚总体方案》,成立县脱贫攻坚战指挥部,县委县政府主要领导担任总指挥长,扛起脱贫攻坚"第一责任",靠前指挥,统筹推进脱贫攻坚各项工作。实行"战区司令"负责制,全县 12 个乡镇划分为 12 个战区,每个战区由一名县领导担任"司令员",统一指挥"作战"。创新"第一家长"帮扶机制,全县共派出 9683 名"第一家长"与贫困户结成亲家,深入开展帮扶工作。制定平果县脱贫攻坚工作各级职责任务清单,明确县处级领导、战区司令员、乡镇领导、后援单位、村"两委"、"第一书记"、"第一家长"等七级工作职责,压紧压实各级主体责任。举全县之力,把所有精力向脱贫攻坚聚焦、所有力量向脱贫攻坚聚合、所有资源向脱贫攻坚聚集,严格对照"八有一超""九有一低于""十一有一低于"脱贫摘帽标准,落实各项政策举措,深入开展精准扶贫精准脱贫,坚决夺取脱贫攻坚最终胜利。

第二节 突出三个着力点,确保贫困群众稳定增收

牢牢把握"村、户、人"三个着力点,村要有当家产业,户要有致富门路,人要有

一技之长。

一是大力发展村集体经济，着力实现"村有当家产业"的问题。采取"长短结合""工农结合""集散结合""公私结合"的方式，引导和鼓励各乡镇、各村探索村集体经济路子，因地制宜发展壮大村集体经济。全县54个贫困村集体经济收入均超过10万元，2018年在全市率先提前半年实现村集体经济收入"清零"目标。

二是大力实施以奖代补，着力实现"户有致富门路"。出台产业扶持奖补政策，鼓励贫困户大力发展火龙果、山茶油、种桑养蚕、林下养鸡等特色优势产业。如，种植火龙果奖补27000元/公顷，种桑养蚕奖补18000元/公顷等，有效调动贫困群众参与产业发展的积极性，不断增强"造血"功能。目前，全县共有10167户贫困户发展"5+2"特色产业，产业覆盖为93.34%。全县54个贫困村共发展经营主体或产业基地园59个，带动贫困户2929户，培育创业致富带头人163人。同时大力培育发展小养殖、小庭院、小作坊、小买卖"四小工程"，带动贫困群众增收致富。

三是大力实施就业技能培训，着力实现"人有一技之长"。成立公司，根据贫困群众就业意向，实施"订单式"培训，提升群众劳动技能，引导贫困劳动力外出务工就业。目前，全县引导建档立卡贫困户外出就业发展劳务经济的有5438户11168人。

第三节　紧抓三个工作重点，增强贫困群众获得感

一是强产业。引进龙头企业，推行"公司+基地+党支部+合作社+贫困户"新模式，创建万亩山茶油"双高"脱贫奔康产业园、万亩火龙果脱贫奔康产业园、"12+2"林下养鸡脱贫奔康产业园等十大脱贫奔康产业园，实现产业全覆盖。比如，大力发展林下养鸡产业，全县养殖规模已达年出栏4000只。"12+2"林下养鸡脱贫奔康产业园，即在12个乡镇建设林下养鸡集中区，在县级建设2个集中区，解决3000多名贫困群众就业问题，实现每年户均增收2000元以上。

二是促就业。实行劳务奖补，鼓励贫困户务工就业，对年内连续外出务工半年以上、月工资收入达到当地最低工资标准的，每人每月补助300元；灵活就业的每人每月补助100元。实施以工代赈，工程造价在100万元以内的扶贫基础设施建设项目，由乡镇组织实施建设，安排贫困户就近就业，增加劳务收入。建设"扶贫车间"43个，安置贫困劳动力2100多人，人均月工资达到2000元以上。

三是助创业。对自主创业并获得经营许可证的贫困家庭，给予3500元/户创业补贴，扶持1326户贫困户成功创业。

第四节　务求实现"四好"目标，增强贫困群众幸福感

一是住上好房子。围绕"住上好房子"目标，投入 1.66 亿元，实施危房改造 7795 户，实行房屋修缮加固 229 户，确保住房安全。加快推进易地扶贫搬迁项目建设，建成吉祥小镇、如意小镇等 7 个安置点，全县 5585 户 24386 名贫困群众圆了"进城梦""住房梦"。

二是过上好日子。围绕"过上好日子"目标，通过后续扶持，解决搬迁贫困户的就业、创业问题，让群众有稳定收入，劳有所得、学有所教、病有所医、老有所养。

三是养成好习惯。围绕"养成好习惯"目标，创新实行"五净一规范"（客厅干净、卧室干净、厨房干净、厕所干净、个人卫生干净、庭院摆放规范），开展"五面红旗"评比，引导群众自觉养成好习惯。

四是形成好风气。围绕"形成好风气"目标，开展争创"文明家庭""星级文明户""最美平果人"等活动，倡导尊老爱幼、邻里和睦、诚实守信、文明健康新风尚。

第五节　开展"五个一"活动，全面提升群众满意度

平果县创新开展脱贫攻坚"五个一"主题活动。

一是到村屯召开一个"忆苦思甜"会议。讲一讲过去的生产条件和生活水平，谈一谈能够让大家看得见、想得起、说得出来的家常事情，通过前后对比，让群众亲身感受到党和国家惠农政策给农村带来的巨大变化，饮水思源感恩党。

二是发一张征求意见表。向群众征求脱贫攻坚意见建议，全面掌握人民群众的期盼要求，切实增强脱贫攻坚工作的针对性，提高群众满意度。

三是为民办一件实事。为全县非贫困村至少办一件群众最关心、最亟须解决的实事，让广大群众得到实实在在的好处，感受到党和政府为民办实事办好事的决心，进一步增进与非贫困村群众之间的感情。

四是写一封致贫困户的公开信。梳理近年来党和国家的各种惠民政策，以及各村屯生产生活日新月异的变化，通过公开信的形式进行全面深入宣传，提升广大人民群众的满意度、幸福感。

五是设一个公开栏。在每个自然屯设立一个公开栏，及时公开公示扶贫政策、财务收支、集体经济收入、公益事业建设、社会救助和民生保障等群众关注的焦点问题，让村民积极参与监督，全面提升群众满意度。

第五章
海南琼中县脱贫摘帽"四不摘"模式

琼中地处海南岛中部，集山区、革命老区、生态保护核心区于一体，2002年被确定为国家级扶贫开发重点县。2016年来，在海南省委、省政府的坚强领导下，琼中坚决贯彻落实习近平总书记精准扶贫精准脱贫基本方略，严格按照"五个一批""六个精准"要求，紧扣"两不愁三保障""三率一度"脱贫指标，坚持以脱贫攻坚统领经济社会发展全局，以生态保护为前提，以富美乡村建设为载体，以产业发展为支撑，以整合资金为手段，以基层党建为保障，扶贫开发连续五年超额完成省下达任务；2016年扶贫成效考核全省第一；2019年4月通过省贫困县脱贫退出考核评审，成为全省第一批脱贫摘帽县；2019年6月顺利通过国扶办贫困县脱贫退出专项评估验收，建档立卡贫困人口从2014年的8665户36004人减少到2019年末的19户55人，44个贫困村全部脱贫出列，综合贫困发生率从2014年的34.6%下降到0.04%，错退率、漏评率均为零，群众认可度达94.98%，荣获"十佳精准扶贫创新县"等称号。

自2019年4月实现脱贫摘帽以来，琼中县委、县政府严格落实中央"四不摘"和省委"三不减三提高三加强"要求，继续发扬"钉钉子"的精神，始终保持攻坚态势和昂扬的精神状态，锐意进取，以"不破楼兰终不还"的坚定决心和坚强意志，上下一心、攻坚克难，持续巩固提升脱贫摘帽成果，做到"摘帽不摘责任、摘帽不摘政策、摘帽不摘帮扶、摘帽不摘监管"，坚决打赢打好脱贫攻坚战，努力做到脱贫成效经得起历史和人民的检验。

第一节 摘帽不摘责任

习近平总书记强调，贫困县党政正职要保持稳定，做到摘帽不摘责任。琼中县始终坚持把脱贫攻坚作为最大的政治责任和重大的民生工程放在心上、扛在肩上、抓在手上，强化责任落实，做到力度不减。

一 脱贫攻坚责任不减

实行脱贫攻坚党政同责，组建由县委书记和县长任"双组长"，县委专职副书记直接分管、县委常委、宣传部部长、分管农口副县长协助配合的扶贫开发工作领导小组，推行"一把手"带头研究重大问题、带头协调难点事项、带头狠抓任务落实、带头开展检查督办的"四带头"机制，摘帽以来召开研究部署脱贫攻坚工作会议42次，有效解决脱贫攻坚问题68项。

二　脱贫攻坚力量不减

根据全省脱贫攻坚五级战斗体系安排，建立县级脱贫攻坚四级战斗体系，设立县打赢脱贫攻坚战指挥部。由县委书记担任指挥长、县长担任第一副指挥长，以乡镇、行政村、自然村为作战区域，分别设立脱贫攻坚大队、中队、小队战斗编队。从县四套班子中精心挑选有乡镇主要领导经历且农村工作经验丰富的县级领导干部担任大队长，乡镇党政正职担任副大队长，帮扶单位主要领导和乡镇驻点干部担任"双中队长"，帮扶责任人担任小队长，构建责任分工明确、一级抓一级、层层抓落实的战斗格局，推动四级战斗体系高效运转。例如，选派副县长、指挥部副指挥长吴钟良同志担任黎母山镇脱贫攻坚大队长，点面结合、统筹推进全县和黎母山镇脱贫攻坚进展，因特色产业扶贫、"四好"农村路建设等工作成效明显，吴钟良同志被评为全省打赢脱贫攻坚战先进个人。

三　扶贫资金措施不减

实行每年不低于20%增幅的扶贫开发财政投入机制，按照"规划引领、资源整合、渠道不乱、用途不变"原则，统筹整合专项扶贫资金和各类涉农资金2.67亿元，将扶贫资金使用权限下放乡镇。采取"村申请、乡镇初审、县级审定、省级备案"方式，建立脱贫攻坚项目库，健全扶贫项目资金公告公示制度，完善扶贫项目工作台账，实行扶贫资金支出进度月报（周报）制，确保资金支出和项目实施同步推进、有效衔接。推行"红黑榜"通报制度，定期组织纪检、审计、财政等部门，加强对项目事前、事中、事后的监督检查审计，确保扶贫资金使用安全、扶贫项目高效实施。

第二节　摘帽不摘政策

习近平总书记强调，脱贫攻坚主要政策要继续执行，做到摘帽不摘政策。琼中县始终秉承"脱贫攻坚永远在路上"理念，坚持脱贫摘帽后，政策不变形、不走样，进一步强化政策落实，全力做好政策扶持"后半篇文章"，做到标准不降。

一　加强建章立制

认真贯彻落实中央、省委脱贫攻坚系列政策文件精神，结合琼中实际，针对种苗采购流程不优、项目审批程序烦琐等重点难点问题，充分吸收借鉴贵州、浙江、江西等地区先进经验，率先在全省研究制定"1+13+36"脱贫制度体系，"1"即脱贫攻坚"十三五"规划纲要，"13"即年度实施方案及农业特色产业、生态旅游业等"十二个一批"子方案，"36"即扶贫资金项目管理、扶贫物资（种苗）采购等配套政策，不断夯实脱贫攻坚制度基础，确保脱贫攻坚政策的连续性。

二 加强产业就业扶持

第一，实施特色产业脱贫工程，开展橡胶、槟榔等大宗农产品单产效益提升，特色产业"千人万户，百村百社"创业致富计划，以绿橙、桑蚕、养鸡、养蜂等9类特色产业为重点，推行"龙头企业（或合作社、村集体经济、种养大户）+基地+贫困户"四种产业扶贫模式。引导贫困户以扶贫资金或种苗折算入股新型农业经营主体，创新经营主体"带动奖补"、贫困户"以奖代补"等利益联结机制，通过带种、带养、带管推动贫困户提升劳动生产技能、增强自我造血能力。琼中作为海南唯一的市县代表在全国产业扶贫现场会上做经验发言。2019年琼中累计投入资金1.15亿元，实施特色产业项目248个，清理"一股了之""一发了之""空壳社"75家，发放经营主体"带动奖补"资金20万元、贫困户"以奖代补"资金2058万元。例如，黎母山绿源农民养蜂专业合作社利用林下发展养蜂业，饲养中蜂400多箱，收获蜂蜜4000多斤，产值24万多元，实现户均收入2万多元，带动入社贫困户实现脱贫致富。

第二，实施生态旅游脱贫工程，升级打造云湖、红岭等10条"奔格内"乡村旅游精品线路和5大旅游片区，成功推出什寒、堑对、合老等一批特色旅游村寨，旅游村覆盖贫困自然村30%以上，带动贫困户参与农家乐、民宿、旅游商品开发等业态，吃上"旅游脱贫致富饭"。例如，红毛镇什寒村针对地势高冷、生态环境优美的特点，推行乡村旅游扶贫模式，通过政府总体把控、企业日常运维、合作社组织实施、农户出工出力的方式，将农户闲置的房屋等资源作为资产入股到企业，由企业负责改造成标准化驿站、客栈、民宿、露营地、茶吧，并携手农户统一运作管理，员工均从本村聘用，经营收入60%归农户、35%归投资企业、5%归村集体，实现了多方互利共赢，什寒村从昔日贫困村蜕变为"最美中国乡村"，被列入全国旅游扶贫示范项目，乡村旅游"什寒模式"曾在"中国扶贫"公众号刊发。

第三，实施就业脱贫工程，村级公共服务岗位由原来的6类开发至10类，上岗2559人，创建"就业扶贫车间"10个，实现建档立卡贫困劳动力转移就业7509人，率先在全省出台外出务工以奖代补政策，累计发放各类就业扶贫补贴313.12万元。

三　加强保障政策落实

一是抓好义务教育保障。率先在全省建立贫困家庭学生"全程资助"和"一对一"关爱体系，对有学习能力但无法到特殊教育学校上学或无法随班就读的残疾学生，安排送教上门。对建档立卡贫困户、低保户、残疾户贫困生实行特惠性补贴，2019年累计发放生活补贴和国家助学金2210万元，惠及贫困学子6713人次，在义务教育阶段没有适龄学生辍学现象。琼中作为全国唯一县级单位在全国教育扶贫现场会上作经验交流，作为义务教育发展基本均衡县通过国家验收。例如，吊罗山乡长田村村民黄明标与妻子离异后，独自承担抚养3个子女的重担，因3个子女的学费问题，他一度萌生让孩子弃学的念头。他家被认定为贫困户后，通过贫困家庭学生"全程资助"体系，每个小孩每学年获得2400元到4150元不等的教育补助，防止了因贫辍学。

二是抓好基本医疗保障。创新实行"一站式"结算、"家庭签约医生"服务、"绿色通道"就诊、"先诊疗后付费"医疗帮扶等机制，率先在全省推行医疗补充商业保险和贫困人口专项资金救助，筑牢健康扶贫"五道防线"，贫困人口新农合住院报销2820人次，补偿金额1587万元，住院费用实际报销达90%以上，慢性病门诊医疗报销比例达到80%，经验做法在全国健康扶贫动态管理研讨会上被推广，被推荐参评国家健康扶贫示范县。

三是抓好住房安全保障。将富美乡村建设与贫困村整村推进相结合，对农村危房改造不限指标、不限名额，应改尽改，针对四类人员C、D级危房，按照每户补助不超过6万元的标准进行修缮加固或重建，2019年16户四类重点对象危房改造已全部竣工并搬迁入住。

四是抓好饮水安全保障。对照水质、水量、供水保证率、用水方便程度4个标准，逐户落实安全饮水政策，做到全县饮水管护全覆盖，农村安全饮水率达100%。

此外，切实强化农村低保与扶贫开发两项制度衔接，对贫困户和低保对象实行双向有条件纳入746户1993人。

第三节　摘帽不摘帮扶

习总书记强调，扶贫工作队不能撤，做到摘帽不摘帮扶。琼中始终坚持"围绕扶贫抓党建，抓好党建促脱贫"工作思路，创新"党建+扶贫"模式，强化帮扶落实，以富美乡村建设为载体，推动脱贫攻坚与乡村振兴深入融合，着力打造一支"永不走的扶贫工作队"，做到靶心不散。

一 实施"产业富民"工程

以发展壮大村集体经济为重点，每年投入 500 万元实施"领头雁"培养工程、投入 1000 万元扶持 20 个村集体经济发展，累计培养农村致富带头人 283 名，表彰"创业致富示范基地"10 个、党员"领头雁"先进典型 50 人，推动全面消除"空壳村"，全部行政村实现集体经济收入不低于 3 万元。例如，鸭坡村返乡创业青年蔡晓玲通过"领头雁"培养工程，带动村民打造鸭坡村特色农产品，年销售额达 20 万元。

二 实施"特色居家乡村"工程

以农村人居环境整治为重点，在全省首次将农村人居环境提升工程与脱贫摘帽同步部署、同步检查、同步考核，创新开展"三清三改三化一建"村庄清洁行动（全面清理农村生活垃圾、清理农村生活污水、清理畜禽粪污及农业生产废弃物，进一步改造农村厕所、村庄道路及农村危房，开展村庄美化、绿化、亮化三大行动，建立长效运营管护机制），荣获"全国人居环境整治成效明显激励县"称号，创建的"户分类、村收集、镇转运、县处理"农村生活垃圾处理模式、富美乡村水环境 PPP 治理模式在全省得到推广。例如，和平镇堑对村开展农村生活垃圾分类试点，垃圾清扫收运实现全覆盖、常态化，营造了干净整洁、有序宜居的人居环境，被评为全国生态文化村。

三 实施"乡风文明建设"工程

以内生动力提升为重点，充分发挥脱贫致富电视夜校作用，针对重点人群开展"六治"（治懒散、治酗酒、治私彩、治浪费、治不孝、治脏乱）活动，深入开展移风易俗、法治扶贫、感恩教育、"脱贫之星"宣讲团、干群一家亲"五个一"等活动，建立道德"红黑榜"等长效机制，以正反两面典型教育促进群众思想观念由"要我脱贫"向"我要脱贫"转变，在全国成果论坛上交流了琼中志智双扶经验，在省级会议上交流了脱贫电视夜校工作经验。例如，琼中返乡创业青年黄秀武、"醉鬼懒汉"王成安以及残疾人王兴珍励志创业故事在省夜校播出，有力激发了贫困群众脱贫的信心和斗志。

四 实施"社会创新治理"工程

以基层组织建设为重点，完善"一核两委一会"乡村治理机制，严格执行"三会一课""四议两公开"等制度，打造"四议两公开"示范点 1 个，巩固创建农村示范党支部 26 个，整顿提升软弱涣散村 21 个，常态化开展"比学赶帮超"活动，创新"百名农村党支部书记每月一讲""农村党员每月一课"活动，连续三年举办村党支部书记

"省外能力提升班",强化村干部履职能力。创新"2341"驻村工作法(即5个工作日县领导下村2天、帮扶单位干部下村3天、乡镇干部下村4天,双休日全体帮扶领导、干部下村1天),选派96名机关干部担任驻村第一书记,派出110支乡村振兴工作队,推动脱贫攻坚战斗队与乡村振兴驻村工作队实现力量整合。例如,建立村干部补贴逐年增长机制,2014年以来村"两委"正职、其他成员分别增长3.8倍、3.6倍,村小组正职、副职均增长10倍。同时,按年缴费全省最高标准,为村(社区)干部统一安排健康体验,为全县2325名村干部购买养老保险,切实解决村干部后顾之忧,全身心投入脱贫攻坚工作。

第四节　摘帽不摘监管

习总书记强调,要把防止返贫放在重要位置,做到摘帽不摘监管。琼中县坚持把预防新增贫困和防止返贫工作放在重要位置,严把关、重巡查、严考核,进一步强化监管落实,实现扶贫监管全覆盖、常监测,确保返贫现象得到及时遏制,做到"频道不换"。

一　抓好动态管理

对贫困户、低保户、特困户、残疾户等"四类"人员和一般农户,按"红(未脱贫户)、橙(低保户、特困户、残疾户)、黄(脱贫户)、绿(一般户)"4种颜色进行档案标识管理,摘帽以来组织开展3轮农村户籍人口全面排查,以100个行政村为单位,对照"两不愁三保障"和省贫困线标准,围绕家庭人口、收入、住房、健康、就学等内容,重点摸底排查未脱贫户、边缘户收入和"三保障"情况,对疑似漏评、漏保、错退人员进行分类处置,制定大排查工作台账,做到应纳尽纳、应退尽退,建档立卡工作得到国务院督导组和省委政府的充分肯定。2019年度排查出边缘户44户142人、脱贫监测户37户161人、脱贫退出户79户276人、新识别贫困人口19户54人,无返贫人员,无脱贫不享受政策人员。例如,开展"12345"识别行动("1"即所有农户走访1遍;"2"即问家庭生产、生活条件;"3"即听农户介绍,村小组、村"两委"意见;"4"即看房、看粮、看家中有无读书郎、看是否有人卧病床;"5"即"一申请、两评议、两公示、一比对、一公告"五大步骤),对符合建档立卡条件的及时纳入,真正做到"家底清楚,对象精准"。

二　抓好问题整改

紧扣省际交叉考核、贫困县退出第三方评估、国家贫困县退出抽查专项评估反馈问题，认真开展脱贫攻坚问题整改"大排查、大整改、大落实"行动，成立由县领导带队的 5 个督导组，常态化进村入户开展巡回督察，将发现的问题上报县打赢脱贫攻坚战指挥部，由指挥部督促各乡镇整改，各乡镇针对问题建立整改台账，实行挂号整改、销号管理，目前国家和省级考核评估反馈问题已全部整改到位、"清仓归零"。例如，在问题整改"大排查、大整改、大落实"行动中，围绕贫困户家庭情况、经济收入、"两不愁三保障"、安全饮水等事项，逐户开好"两会"（家庭会、中队会审会），查摆梳理问题，推动立行立改，提升基础资料质量，做到账实相符、账账相符及线上线下一致，确保帮扶干部对帮扶工作、各项政策要求、帮扶对象的家庭情况熟悉，确保识别精准率、退出精准率和群众综合满意度"三提高"。

三　抓好督查考核

实行脱贫攻坚督查考核问责和年度报告制度，健全"月督查通报排名、季分析研究、半年总结、年考核"机制，建立"523"督查考核办法（即成立 5 个县委督查组、2 个巡查组，制定乡镇、县直部门、驻村第一书记脱贫攻坚 3 大考核办法）。围绕"三率一度"考核标准，开展全面督查、专项督查，常态化明察暗访，将扶贫实绩与干部年度考核挂钩，形成纵向到底、横向到边的督查考核体系。对工作措施不力导致工作进度滞后的干部启动问责程序，对工作作风不严不实、侵害群众利益的坚决重拳惩处，对脱贫攻坚表现优秀、成效突出的进行提拔任用，鲜明奖惩倒逼责任落实。例如，对在"大比武"中整改责任落实不到位的单位及责任人进行问责，对 486 人扣除年终绩效，通报批评 36 人，免职 3 人，预免职乡镇党委书记 1 人，从脱贫攻坚一线提拔任用干部 7 人。又如，开展扶贫领域四大专项整治，建立常态化监督检查机制和乡镇纪委循环交叉暗访机制，走村入户深入排查问题线索，累计立案 20 件 21 人，结案 8 件 8 人，给予党纪政务处分 8 人，诫勉谈话 3 人，提醒谈话 4 人。

第二篇
党建与脱贫攻坚"双推进"模式

第六章
云南马关县基层党建与脱贫攻坚"双推进"模式

习近平总书记在中央扶贫开发工作会议上指出：抓好党建促扶贫，是贫困地区脱贫致富的重要经验，群众对此深有感触。要把夯实农村基层党组织同脱贫攻坚有机结合起来，抓好村党组织为核心的村级组织配套建设，把基层党组织建设成为带领乡亲们脱贫致富、维护农村稳定的坚强领导核心，发展经济、改善民生，建设服务型党支部，寓管理于服务之中，真正发挥战斗堡垒作用。

马关县是全国扶贫开发重点县，是云南省27个深度贫困县之一。开展脱贫攻坚以来，马关县坚持把夯实农村基层党组织建设同脱贫攻坚有机结合起来，注重提升基层党组织组织力、影响力、战斗力，聚焦"两不愁三保障"目标，宣传、动员、组织、带领群众积极投身到脱贫攻坚主战场，实现基层党建与脱贫攻坚"双推进"。

第一节　主要做法

一　注重提升组织力，有效组织发动群众

一是坚持"五级书记"一起抓，选优配强党组织书记。根据实际需求，选优配强乡（镇）、村（社区）党组织书记。2014年以来，调整27名乡（镇）党委书记和17名乡（镇）党委副书记、乡（镇）长；从县乡机关选派12名干部到村（社区）担任党组织书记，调整撤换不胜任现职的村（社区）干部188人；全县115个贫困村第一书记实现全覆盖。

二是坚持尽锐出战，选优配强驻村工作队。从省、州、县三级共选派驻村扶贫工作队员560名（含第一书记），组建驻村扶贫工作队125支，实现所有村驻村扶贫工作队全覆盖。

三是坚持挂钩帮扶，选优配强帮扶责任人。建立"领导挂乡、部门包村、干部帮户"的挂钩帮扶长效机制，除因病、因残等特殊情况外的干部职工，都深入基层一线开展帮扶工作，省、州、县、乡四级共6200余名干部与贫困户开展结对挂钩帮扶，实现每个贫困户都有挂钩帮扶责任人。

四是坚持群众公认，选优配强村小组干部。坚持从各村中选拔听党话、跟党走、有能力、愿奉献的群众为村小组干部（村主任），全县共调整充实 2801 名村小组干部，基层干部力量得到进一步夯实。

五是坚持从严管理与激励保障并重，确保扶贫干部发挥作用。出台《驻村扶贫工作队员管理考核办法（试行）》《驻村扶贫工作队员召回管理测评办法》《马关县村（居）民小组干部管理考核办法（试行）》等相关配套制度，坚持从严管理干部。同时，按每名驻村工作队员 5000 元/年和 1500 元/月发放工作经费及生活通信补贴，对村（社区）干部缴纳养老、医疗、工作、意外伤害保险实行财政补助，开展"红旗村（社区）"创建活动，村（社区）每获得一面红旗村干部每月就增加 100 元的绩效奖补，对村（居）小组干部每人每年兑现误工补贴 4800 元。通过采取有力措施，加强基层党组织建设，全县脱贫攻坚第一线的领导力、组织力和动员群众的能力明显提升。

二 注重提升影响力，有效树立党的形象

一是组建突击队、志愿服务队，集中力量办难事。组建 404 支突击队，围绕"两不愁三保障"目标，开展问题短板排查整改；组建 1531 支志愿服务队，开展扶贫政策感恩宣传、外出务工动员、发展产业引导、卫生评比等活动，让群众看到扶贫干部真扶真帮真干，党组织和党员在群众中的影响力明显提升。

二是党员亮身份，自加压力办好事。全县 8537 户农村党员"亮身份、树形象、做表率"，在家门口悬挂"共产党员户"标牌，1500 余名贫困户党员主动带头转变观念，签订带头脱贫承诺书，带头进行危房改造、让适龄孩子上学、发展产业、破除陈规陋习……掀起了"摘帽承诺践诺"热潮，树立了良好的党员干部形象，激发了脱贫致富内生动力，真正实现从"要我脱贫"到"我要脱贫"再到"带头脱贫"的转变，"头雁效应"初显。

三是组建宣讲团，树立典型办正事。大力弘扬"等不是办法，干才有希望"的西畴精神，深入推进"自强、诚信、感恩"主题教育活动，组建"弘扬'西畴精神'手创幸福生活"宣讲团，以身边人、身边事、身边的典型为示范，开展"扶贫扶志"等活动，弘扬正气，传播正能量。各战区指挥长、副指挥长、"挂包帮"单位帮扶干部、光荣脱贫户代表、村党支部书记、村小组长、大学生村官、"一般户"代表等分别深入各战区重点村、难点村，用群众听得懂、愿意听、喜欢听的"本地方言"与群众面对面交流，互动式宣讲，进一步引导群众知恩感恩。2014 年以来，全县累计开展脱贫攻坚政策宣讲 8000 余场次，38 万人次群众受到教育，激发了各族群众脱贫攻坚的内生动力。

三　注重提升战斗力，有效攻坚克难

一是建立学习制度，提升政策水平。建立学习制度，进一步深入学习领会习近平总书记关于扶贫开发的重要论述，强化对中央和省委、州委、县委关于脱贫攻坚重要决策部署和各项政策措施的学习，通过扶贫政策"小喇叭"讲解、政策知识"应知应会"考试、"政策明白人"培训等，不断提升党员干部扶贫政策知晓率，引导广大党员干部自觉扛起脱贫攻坚责任。

二是建立实训基地，增强实干能力。坚持以问题为导向，注重对基层扶贫干部的实战型培训，以"阵地建设、现场培训、党支部引领和党员带动"的方式提升脱贫实战技能，培育"懂扶贫、会帮扶、作风硬"的扶贫干部队伍，切实提高基层党组织的战斗堡垒作用。目前，全县建成农村党员教育实训基地 22 个。结合"万名党员进党校"、党员冬春训、实用技术培训等，积极组织村级后备力量、村民小组干部和农村实用人才、致富带头人，分期、分批、分类组织开展刺梨种植等农村实用技术现场实训教学 26 期，参训人员 1 万余人次。

三是建立争先进位制度，增强团队拼搏精神。围绕高质量脱贫摘帽目标，各"战区"、各村委会按月细化责任，每月通报重点难点工作，举行脱贫攻坚争先进位评比，形成了"你追我赶、比学赶超"的浓厚氛围。

通过提升组织力、影响力和战斗力，各级党组织发现问题、解决问题的能力全面提升。近年来，通过上级巡视巡察、督查检查和各"战区"、各单位、各村组自行排查，发现和解决问题 3.5 万余个。截至 2019 年底，全县累计脱贫退出贫困村 115 个，脱贫退出 25041 户 96114 人，综合贫困发生率由 21% 降至 1.08%。

第二节　经验启示

马关县在脱贫攻坚工作中，充分发挥党组织的引领作用和党员的先锋模范带头作用，积极探索基层党建与脱贫攻坚"双推进"，打出了行之有效的"组合拳"，有力推进了全县脱贫攻坚工作。

一　选优配强"四支队伍"

"火车跑得快，全靠车头带"。注重把基层党建与脱贫攻坚有机结合起来，选优配强"党组织书记、驻村工作队、帮扶责任人、村组干部"四支队伍，并坚持从严管理与激励保障并重，有效激发了四支队伍干事创业的激情。

二 聚焦难点办好"三件事情"

聚焦脱贫攻坚中的重点难点工作，组织农村党员主动"亮身份、树形象、做表率"，组建突击队、志愿服务队、宣讲团等，集中力量为群众办难事、办好事、办正事，充分调动群众参与脱贫攻坚"啃硬骨头"的主动性和积极性，党组织和党员在群众中的影响力明显提升。

三 多措并举增强"战斗能力"

自学、集中学、实训、考试……马关县千方百计培育"懂政策、会帮扶、有能力"的党员干部。同时，实行争先进位制度，切实增强了团队的战斗力，形成了"你追我赶、比学赶超"的工作氛围，有力助推了全县高质量脱贫。

第七章
广西德保县首创"党群致富共同体"模式

广西德保县以全域党建理念为指导，首创"党群致富共同体"，助推基层党组织和产业发展深度融合，形成"建一个共同体，兴一项产业，活一村经济，富一方群众"的发展格局。

第一节 将党组织建在产业链上

2019 年，国家级贫困村隆华村通过流转 10 公顷土地种植猫豆，产业从无到有并迅速成长，实现村集体收入 5 万元，到基地务工的 35 户贫困户获得户均近万元的工资收入。这些得益于德保县创设的"党群致富共同体"。

"党群致富共同体"即每个村按照"建设一个产业基地、结对一个党支部、引进或创办一个企业（专业合作社）、培育一批致富带头人、带动一方贫困户"等"五个一"的要求，以"党组织＋经营主体＋产业基地＋群众"为模式，以专业化生产为基础，为群众提供产前、产中、产后服务，减少群众在生产经营过程中不必要的人力和资源的浪费，提高群众收入。一是党支部以龙头企业、村民合作社等经营主体为依托，围绕全县"5＋2"特色产业聚集党员，全面统筹"四个统一"（统一确定发展方向，统一开展技术培训，统一组织采购销售，统一调剂资金物资），按照因地制宜搞产业，因势利导促发展的原则，把党支部建在产业基地上。二是党支部以服务和带领群众致富为己任，号召党员、群众以资金入股、劳务输出、土地流转等多种形式参与到共同体中来。三是党支部定期邀请农业专家传授实用技术，不定期组织专业技术员举办田间地头交流会、关键季节农业指导会、农产品市场信息通报会等活动，更好地辐射带动身边的群众积极发展特色种养产业。2019 年德保县实现 12 个乡镇"党群致富共同体"全覆盖，成立"党群致富共同体"139 个，全县 185 个村（社区）全部实现有集体经济收入，总收入达 1213.63 万元，其中有 30 个村集体经济达到 10 万元以上，初步形成"建一个共同体，兴一项产业，活一村经济，富一方群众"的发展格局。

位于燕峒乡古桃村和巴龙村的百乐德柑橘产业核心示范区是德保县"党群致富共同

体"示范基地之一，种植德保脐橙、金秋砂糖橘、茂谷柑等品种共413.33公顷。目前，燕峒乡17个行政村集体通过购买百乐德公司丰产期果园，参与到基地的经营中来。它们依托百乐德柑橘产业核心示范区的资源和品牌优势，由百乐德公司代管果园，采取"联合党委＋村民合作社＋基地（托管园）＋农户"的经营模式，收益按产品出售利润分红，实现村企联动发展，多方共赢。

大章村联合发展桑蚕产业示范园。那甲镇的大章、峒干、上央等8个村"联姻"，组成联合党委，形成党建优势；将各村扶持资金、村级自筹资金等整合起来，形成资金优势；将能人引入产业基地，形成优质发展团队；将基地建设在土地资源较丰富、流转较容易的村，使基地规模化发展成为可能。示范园通过"联合党委＋经营主体＋基地＋群众"经营模式，共同梳理资源清单、需求清单和服务清单，大力发展规模化、集约化桑蚕产业基地。2019年，该示范园种植33.33公顷桑园，养蚕30张，拥有蚕房4500平方米，各村集体经济收入达4万～5万元，共覆盖250户贫困户，95户群众通过土地流转实现户均收入4200元，25户通过基地务工实现人均收入5300元，其余户年增收达1000元以上。

第二节　将党员聚在产业链上

"党群致富共同体"突出党员带头作用，做好引导、带动、帮建、服务四个环节的工作。一是设立帮扶示范岗，划分帮扶责任区，通过机制体制将党员聚在产业链上。支部委员每人联系2～3名党员代表，党员代表每人联系2～3名党员，有联系能力的党员每人联系1～2名群众。二是把产业发展知识等内容与"三会一课"制度有机结合起来。开展"云山夜校""党旗领航＋"系列活动，引导党员带头参与产业发展。三是发挥党组织"双培双带"作用，把致富能手发展成党员，把党员培养成致富能手，将党员培育成行业的"领头雁""主心骨"，并不断挖掘和培养种养大户和致富能人。目前，共有1074名党员加入139个"党群致富共同体"中。

龙光乡徊林村处于德保县南部，降雨量较多，土质较好，十分适合甘蔗生长，历来也有种植甘蔗的传统。根据"强党建、兴产业"的发展思路，徊林村党支部把一批懂经营、善管理、发展集体经济意识强的能人选为村干部，通过充分发挥党员"传、帮、带"的作用大力发展甘蔗产业，引导贫困户通过合作、联营、入股等方式，参与甘蔗产业发展。徊林村引导有能力的党员成立徊林村便民服务公司和徊林村便民服务社，由这两个集体组织牵头，大胆流转大邦村、妙怀村、龙光村等非贫困村的撂荒土地60公顷，全部种植糖料蔗。便民公司每年可解决20户贫困户的就业问题，户年均劳务收入1.8

万元，入股的贫困户每户每年可分红1500元以上，村集体收入每年达到91.75万元，同时还实现全乡253户无产业贫困户产业覆盖。

2020年第一季度，隆桑镇贝贝康蛋鸡养殖场销售鸡蛋163.8万枚，产值103.5万元，顺利取得"开门红"，这些多亏了基地的党员联系机制。隆桑镇贝贝康蛋鸡养殖基地是德保县最重要的鸡蛋生产基地之一，目前在栏蛋鸡3.8万羽，共捆绑入股贫困户133户，常年有6户贫困户在基地务工。黄慧巧是派驻基地的联系党员，春节过后一直为基地复工奔波，报信息、畅销路、反馈需求、协助基地打通复工"堵点"，2月中旬基地顺利复工，贫困户2020年的分红增收有了希望。

第三节　让群众富在产业链上

一是利用农村发展互助资金、金融部门支农资金、产业到户扶持资金、粤桂扶贫协作资金和涉农部门项目扶贫资金发展产业基地，通过土地、资金入股承包经营、托管经营等模式把贫困户纳入基地发展产业，按规模和效益进行收益分配。通过整合资源，已建设135个种养产业基地、52个物业租赁项目、106个股份合作项目、51个盘活资产项目，打造159个连片脱贫奔康产业园，辐射带动139个"党群致富共同体"。

龙光乡"党群致富共同体"每年可吸纳50户贫困户到基地就业，平均每户贫困户每年劳务收入达1万元左右；通过土地入股、资金入股等方式实现产业覆盖建档立卡贫困户500多户，通过产业基地的带动，每个村有超过20%的群众发展产业；通过村"两委"和村民合作社的带动和帮助，全乡参与种桑养蚕、甘蔗种植等产业的贫困户达到200多户。

二是坚持"自愿合作、互利共赢"的原则，鼓励群众发展现代农业，给予贫困户发展产业补助等政策性资金扶持，与新型农业经营主体开展"订单"合作，推动农林牧副渔产品的加工、销售，发展壮大特色产业，确保有劳动能力的贫困户实现增收。

足荣镇百农村微型榨油作坊厂位于百农村原闲置村部，拥有榨油间、精炼机房、原料房3间功能房，项目经营主体为百农村村民合作社，总投资11万元，可日产花生油1000斤，有员工7人，其中5人为贫困人口。百农村榨油坊2019年初成立以来，就与为德保县水利电业公司签订销售协议，出售两批共900桶10斤装花生油，库存100桶，集体经济收入达到14.075万元，纯利润达5.685万元。同时，在德保县水利电业公司的帮助下，百农村还在德保县城设立了农副产品直销点，不仅销售"百农香"花生油，还有纯正的蜂蜜、土鸡、大米、八角等特色产品，提高了贫困户收入，激发了贫困户的生产积极性。

第四节　党建考评落到产业链上

为推动"党群致富共同体"持续发展，德保县完善"党群致富共同体"培育扶持、分级评审、示范创建、表彰激励等机制，引导共同体提高自我发展和可持续发展能力。研究出台了《党群致富共同体创建标准及考评暂行办法》，分年度制定创建计划，将组织架构规范合理、党建引领作用明显、经营管理规范、长效监督机制完善、脱贫攻坚成效明显等方面作为创建标准，共设置34项基础指标和4项加分指标。在此基础上，根据得分高低进行评选，将创建情况的好坏列入领导干部选人用人的参考因素，并作为党建创新项目深入抓、具体抓。评定程序分共同体申报、乡镇初审、县级审核、县委核验命名四大步，最终发文公布名单，对优秀的共同体授予"德保县党群致富十佳共同体"称号和牌匾，以示范带头作用激励先富带动后富，确保共同体"造血"功能强劲。

第八章
云南弥渡县"党建引领+村民自治"破解脱贫攻坚难题模式

弥渡县是全国扶贫开发工作重点县，2014年全县共识别出建档立卡贫困人口18244户69078人，贫困发生率为25.26%，脱贫任务十分艰巨。弥渡县将基层党建与脱贫攻坚深度融合，将党的政治优势和组织优势转化为脱贫攻坚的强大动力，"党建引领+村民自治"破解脱贫攻坚进程中"堡垒如何筑牢""群众如何发动""乡村如何建设""产业如何培育""思想如何脱贫"五大难题，有效促进基层党建和脱贫攻坚同频共振。6年来，全县累计减贫65426人，贫困发生率降至1.47%。

第一节 建强组织 破解"堡垒如何筑牢"的难题

树立党的一切工作到支部的鲜明导向，以创建基层服务型党组织为核心，以脱贫攻坚为主线，拓展村民自治试点成果，整县推进党支部领导下的村民自治模式。"书记抓、抓书记"，构建县、乡、村组党组织书记齐抓扶贫的工作格局。在全县各级党组织中精心组织开展"不忘初心、牢记使命"主题教育，深化"顶在前面干在难处"专项行动，稳步推进基层党建创新提质各项工作，完善村干部绩效奖励机制，扎实推进软弱涣散党组织整顿提升和"红旗村"争创活动，强化了基层党组织的战斗堡垒作用。紧扣脱贫需求，推荐政治素质过硬的乡贤能人、致富精英为党支部书记，确保村组有能人士事。持续推进村集体经济强村工程，全力破解村级无钱办事难题。依托50万头"正大"生猪养殖全产业链项目，85个行政村每村每年增加5万~10万元村集体收入，全面消除村集体经济"空壳村"。先后建成村组活动场所786个，实现村组活动场所全覆盖，全面解决村组党支部无场所议事的难题，切实提高了党支部服务群众的能力和水平。

第二节 村民自治 破解"群众如何发动"的难题

在连续5年试点并获得成功的基础上，弥渡县作为全州试点，整县推进党支部领导下的以自然村（组）为基本单元的村民自治模式，构建自治、法治、德治相结合的乡村治理体系。自然村由选举产生的村民理事会和监事会共同管理，村务管理队伍壮大3倍多，村务管理能力全面提升。充分推动村民自治组织发挥议事协商、办理公益事业、调解矛盾纠纷、维护村民权益、倡导文明新风的作用，通过村规民约，最大限度地把群众组织起来、凝聚起来、发动起来，积极参与危房改造、公益劳动、移风易俗等工作。村里的事大家关心、大家参与、大家决策、大家管理，村民自治组织和群众主体作用凸显，全面加强农村公共事务管理，逐步实现"以人治村"向"依法治村"转变。调查显示，设有村民自治组织的村组在召开群众会、组织群众开展公益劳动方面较其他村组有明显优势，群众满意度相对较高。新街镇三岔口村先后实施了两个同样投资30万元的村内主路石板铺筑工程，一个是村民自治前通过招投标由工程队实施，一个是村民自治后由"党支部＋理事会"主导实施。对比发现，"党支部＋理事会"主导实施的工程量是工程队实施的3倍，且质量明显较好。

第三节　群众参与　破解"乡村如何建设"的难题

在全县推广牛街乡"五个参与"工作法，让群众参与项目设计、工程定价、工程建设、工程监督和后续管理，全面组织发动群众，围绕安居房建设、增收产业培育、村庄基础设施建设和人居环境提升，全面补齐短板促问题清零，解决了贫困户住危房的问题，培育了一批促农增收的特色产业，提升了农村水、电、路、通信等基础设施水平，筑牢了贫困村脱贫出列的坚实基础，走出了一条党建引领、群众参与，自己的事自己办、自己的家园自己建、自己的成果自己珍惜的乡村建设好路子。通过落实"一事一议""以奖代补"等政策，在群众的广泛参与下，先后有933个自然村实施了整村推进项目，所有自然村村内户外道路全部实现硬化、亮化。在项目建设中，充分发挥村党支部领导下的村民理事会、监事会的作用，全程抓好施工前、施工中和施工后的质量监管工作。项目建成后，按照"谁建设、谁所有，谁受益、谁管护"的原则，落实管护主体，明确管护责任，属于农户分户受益的，采取分户包干养护的办法，责任到户；属于集体受益的，由村组集体落实管护责任，形成脱贫攻坚人人参与、建设成果人人共享的良好局面。

第四节　"党组织＋"　破解"产业如何培育"的难题

弥渡县把以"一棵菜、一头猪"为重点的现代高原特色产业作为支撑，产业扶持到户，大力推广"党组织+"产业扶贫模式，走"种养相加、长短结合、以短养长"的产业增收之路。入企务工、合作共养等方式带动群众致富，壮大村集体经济，把基层党组织建设成带领群众脱贫致富的坚强战斗堡垒。通过建立政府风险补偿金和财政贴息等方式，对有条件发展产业的贫困户，发放扶贫小额信贷、畜牧贷、金蔬贷等信贷资金，实行"一村一业""一户一策"的帮扶方式。对自身缺乏产业发展条件的贫困户，采取"基层党组织+龙头企业+金融机构+合作社+贫困户"的"1+4"产业扶贫模式，通过养殖生猪、肉牛、中蜂，种植蔬菜、中药材等高效特色产业带动贫困户通过加入合作社、参与土地流转增加收入。累计培育有产业带动能力的新型农业经营主体516个，16277户建档立卡贫困户与516个新型农业经营主体建立了利益联结机制。

第五节　智志双扶　破解"思想如何脱贫"的难题

弥渡县充分发挥党支部的战斗堡垒作用，以534个新时代农民讲习所为平台，常态化开展讲习活动，宣传党的方针政策，强化农村实用技术和技能培训，讲好脱贫故事，让贫困群众挺起精神脊梁。以增长脱贫志气和内生动力为切入点，扎实开展"自强、诚信、感恩"和"小手拉大手"活动。树身边榜样感染身边人，寻找弥川最美扶贫人、最美脱贫村、最美脱贫户，开展"精神的力量"巡回演讲，积极营造"脱贫光荣"的良好氛围。积极推广"爱心超市"以分换物激励模式，广泛开展"五净一绿一规范""美丽庭院示范户、示范村"创建活动。广大群众纷纷投工投劳，共建美好家园，涌现出牛街乡康郎半村、寅街镇湾子村、新街镇大荒地村等标杆村，在标杆村的带动下，上百个美丽村庄拔节而出。群众的内生动力得到有效激发，客事简办成为共识，群众争贫、守贫的不良风气得到有效遏制，"干部干、群众看"的病态扶贫局面得到全面扭转，村整洁、户干净、人勤劳、心感恩成为农村新风尚，广大群众获得感、幸福感不断增强。

第九章
云南寻甸县"党支部+"助推产业脱贫模式

第一节 目的与意义

随着脱贫攻坚的不断深入,基层党组织在产业扶贫中发挥着积极作用,基层党组织与精准扶贫的融合发展是新时期社会发展的题中之义,也是党中央在新的历史时期为推动农村改革、脱贫解困而探索出的新举措,能够有效地提升扶贫开发工作的精准度。习近平总书记强调,越是进行脱贫攻坚战,越是要加强和改善党的领导,要把扶贫开发和基层组织建设结合起来。到 2020 年全面建成小康社会,关键在于发挥基层党组织的引领和保障作用,牢固树立"党支部+"助推产业脱贫的理念,全面推进党的建设固本强基工作,找准基层组织与扶贫开发的结合点,为实现"十三五"全面脱贫摘帽目标提供坚强的组织保障和力量支撑。"党支部+"助推产业脱贫对于促进我国经济,文化和社会发展,扩大政治参与,实现民主管理等具有十分重要的意义。"党支部+"助推产业脱贫模式,就是将党组织活力变为脱贫动力,将党建势能变为扶贫动能,促进扶贫和党建工作的双赢,在党建和扶贫两个维度上实现互动,以产业脱贫为根,以扶志为本,依托本地优质资源,充分发挥党组织的引领作用,以期形成"党支部+"助推产业脱贫新模式,践行全心全意为贫困户服务的崇高宗旨,为基层党组织助推脱贫攻坚提供有益的参考与借鉴。

自实施精准扶贫以来,寻甸县坚持以脱贫攻坚统揽县域经济社会发展全局,结合县情民情实际,认真抓好产业扶贫这个关键,把产业发展作为实现从"输血式"扶贫到"造血式"扶贫的根本动力。创新"党支部+"产业脱贫模式,遴选 187 户农业企业(合作社、大户)带动建档立卡贫困户达到全覆盖,取得了显著成效。实现了每个贫困村有 1~2 个主导产业,每户贫困户有 1~2 个产业增收项目,累计带动 30500 户贫困户平均增收 1850 元以上,贫困发生率由 2014 年的 26.93% 下降到 2017 年末的 0.35%,成功列入云南省第一批退出贫困县,也是云南省唯一获得国务院脱贫攻坚组织创新奖的县级单位。基于多次实地调研、入户调查和乡村干部访谈,本章着重总结和分析该县"党支部＋"助推产业脱贫模式的具体做法、主要成效，并总结该模式的创新之处和成功经验，进而提出进一步推广实施该模式的建议，为云南省乃至类似省（市、区）贫困县因地制宜地实施"党支部＋"助推产业脱贫模式提供必要的参考和借鉴。

第二节　"党支部＋"助推产业脱贫模式的具体做法

围绕"产业发展脱贫一批"的工作任务，在昆明市农业局、寻甸县委和县政府的统一安排与部署下，寻甸县创新"党支部＋企业（合作社、大户）＋建档立卡贫困户"帮扶模式，围绕"一乡一业、一村一品、户有产业"菜单式产业扶贫方式，"栽好大金元、排好大洋芋、养好大胖猪、种好大白菜"，产业发展脱贫一批得到较好落实。结合县情、民情和脱贫攻坚实际情况，寻甸县重点围绕"八个一"和"八个龙头"抓好产业扶贫工作，保障建档立卡贫困户产业扶贫达到全覆盖。

一　"八个一"措施：党支部贯穿产业扶贫全过程，助推精准脱贫

一是支部引领。以基层党组织建设为引领，实现以产业发展促党支部建设、以党支部建设带动产业发展的双推进效果，做到产业发展、"党支部＋"全覆盖。

二是支部总揽全局。制订产业扶贫实施方案，提出可行的措施和计划，做到实施方案全覆盖。

三是支部建立企业。以企业为龙头，带动产业发展，充分发挥企业帮带作用，做到企业帮带全覆盖。

四是支部制定产业清单。每个乡镇（街道）村委会结合自身优势，列出适合建档立卡贫困户发展的产业清单，做到清单全覆盖。

五是支部监管资金使用情况。企业与帮带的建档立卡贫困户根据实际情况和双方意愿，采取相应的合作方式，签订合作协议，做到协议签订全覆盖，确保产业发展资金用到产业发展上。

六是支部组织对产业方案、措施进行评审。产业扶贫方案、扶贫措施及绩效评价等要经乡镇（街道）组织相关部门、行业专家评审通过，做到评审全覆盖。

七是支部组织遴选帮带企业。乡镇遴选的帮带企业，入户资金兑付等必须经党支部进行公示，做到公示全覆盖。

八是支部加强项目管理。整个产业发展过程按照项目管理模式进行管理，做到项目管理全覆盖。

二 八个龙头措施：龙头意识渗入产业扶贫实施过程，保障精准脱贫

一抓规划龙头。制定了全县产业扶贫的总体规划总揽全局；突出重点制定特色产业专项规划实施方案，因地施策制定乡镇（街道）、村委会、贫困户的产业扶贫方案和具体措施，以规划引领产业发展促扶贫攻坚。

二抓项目龙头。实施粮食作物高产创建项目（共 12 片 8000 公顷）、稻鱼综合种养技术推广示范样板项目（共 95.33 公顷）、中央生猪调出大县项目（共建设标准化生猪规模养殖场 36 个）、奶牛标准化项目（建设标准化奶牛场 1 个）、市级畜牧业扶持项目（共建设规模养殖场 7 个）、退牧还草项目、中央草原生态补助奖励绩效资金草原畜牧业转变方式项目、草牧业示范项目、粮改饲试点项目等，共计投入资金 4314.8 万元。不断改善农业生产条件，提高农业综合生产能力，培育壮大主导产业，促进农民增收致富。

三抓企业龙头。经过认真遴选，全县共筛选出农业企业（合作社、大户）187 户，建档立卡贫困户帮扶带动基本实现全覆盖。采取"党支部＋企业（合作社）＋基地＋建档立卡贫困户""党支部＋能人大户＋建档立卡贫困户"等方式，通过资金入股、务工增收、土地流转、提供农副产品等生产经营模式与贫困户建立合理、紧密、稳定的利益联结机制。

四抓基地龙头。培育和壮大农业生产基地，充分发挥基地辐射作用，发展主导产业，改善农业生产条件和生态环境，有效解决规模种养问题。以烤烟、马铃薯、蔬菜、畜牧、水产等产业为重点，推动优势产业向优势区域集中，推进农业重点产业上规模、上档次、上水平。

五抓产业龙头。结合寻甸实际情况，按照产业有龙头、龙头引领产业发展、龙头带动贫困户的发展格局，全力抓好烤烟、蔬菜、马铃薯、特色林果、山地牧业、淡水渔业六大产业。实现了农业产业的质量效益提升，农民收入增加，贫困群众脱贫致富，有效防止了边缘贫困人口返贫。2017 年，全县种植烤烟 9733.33 公顷、粮食 61000.00 公顷、蔬菜 11966.67 公顷、马铃薯 19666.67 公顷、中药材 2666.67 公顷；渔业养殖面积达到 2133.33 公顷，其中稻田养鱼 483.33 公顷；预计大小牲畜存栏 112.2 万头（只），出栏 116.4 万头（只）；家禽存栏 235.6 万羽，出栏 253.3 万羽。

六抓科技龙头。以科技为指导，依靠科技进步，大力发展优质马铃薯种植、畜牧养殖业、蔬菜产业、淡水渔业等高原特色农业，促进农业生产向产业化、规模化、商品化和现代化转变，促进农业产业由数量型向质量效益型的转变。实施"县、乡、村三级动物疫病防控核心能力建设"项目，改造县级兽医实验室，购置更新设备；对全县 15 个

乡镇兽医站进行基础设施建设提升，配置动物防疫设备；在全县 165 个村委会建设"五有"村兽医室，改善和提升寻甸县动物防疫条件和水平，为畜牧业发展和农民群众增收致富提供有力的支撑保障。

七抓园区龙头。以寻甸现代农业园区建设为引领，推动产业扶贫。着力抓好园区的基础设施建设，发展特色产业，示范带动贫困群众抓产业，谋致富，转移劳动力，提高素质，增加收入。

八抓宣传龙头。实时总结推广发展产业过程中好的做法、经验、措施，加大宣传力度，转变生产观念，改善生产方式，加快推进高原特色现代农业发展，如万担坪种植专业合作社的马铃薯种植、岚亚苗鸡养殖专业合作社的苗鸡养殖等。

第三节　"党支部＋"助推产业脱贫模式的主要成效

一　种植业方面

栽好大金元。建档立卡贫困户 5295 户 20975 人种植烤烟 2246.67 公顷，户均增收 6102 元。

种好大白菜。建档立卡贫困户 1566 户 4533 人种植以白菜为主的蔬菜 479.43 公顷，户均增收 2687 元。

排好大洋芋。建档立卡贫困户 16136 户 54590 人种植马铃薯 4157.93 公顷，户均增收 2266 元。

中药材种植。建档立卡贫困户 804 户 3082 人种植中药材 919.67 公顷，户均增收 717.5 元。

水稻种植。建档立卡贫困户 5770 户 21160 人种植水稻 617.13 公顷，户均增收 680 元。

玉米种植。建档立卡贫困户 19229 户 66546 人种植玉米 3315.67 公顷，户均增收 721 元。

大麦种植。建档立卡贫困户 667 户 2662 人种植大麦 141.47 公顷，户均增收 399 元。

白云豆种植。建档立卡贫困户 85 户 476 人种植白云豆 21.73 公顷，户均增收 1096 元。

青稞种植。建档立卡贫困户 402 户 1422 人种植青稞 194.27 公顷，户均增收 726 元。

苦荞种植。建档立卡贫困户 1376 户 4321 人种植苦荞 700.80 公顷，户均增收 614 元。

玉米制种。建档立卡贫困户 503 户 1597 人玉米制种 41.38 公顷，户均增收 884 元。

工业辣椒。建档立卡贫困户 65 户 129 人种植工业辣椒 23.73 公顷，户均增收 13261 元。

香瓜种植。建档立卡贫困户 425 户 1348 人种植香瓜 4.67 公顷，户均增收 315 元。

食用菌种植。建档立卡贫困户 70 户 282 人种植食用菌 28 棚，户均增收 1250 元。

二 养殖业方面

生猪出栏 65.8 万头，带动建档立卡贫困户 4688 户 15693 人，户均增收 700 元。

肉牛出栏 11.06 万头，带动建档立卡贫困户 2797 户 9179 人，户均增收 700 元。

肉羊出栏 19.9 万头，带动建档立卡贫困户 427 户 1493 人，户均增收 700 元。

家禽出栏 227 万羽，带动建档立卡贫困户 1807 户 5970 人，户均增收 700 元。

奶牛存栏 1000 头，带动建档立卡贫困户 206 户 719 人，户均增收 700 元。

稻田养鱼 95.33 公顷，带动建档立卡贫困户 162 户 648 人，户均增收 1000 元。

三 新型经营主体培育方面

有种植大户 368 户、养殖大户 687 户、家庭农场 3 个、农民专业合作社 866 个，培训新型职业农民 160 人，新增农业龙头企业 3 个、都市农庄 1 个，带动建档立卡贫困户 12617 户 41437 人，户均增收 898 元。

四 土地流转

全县家庭承包经营权流转面积 16256.67 公顷，占家庭承包面积 32335.27 公顷的 50.28%。土地流向主要是种养殖专业大户、农民专业合作社、公司（企业）等。带动建档立卡贫困户 8572 户 31424 人，户均增收 1541 元。

第四节 "党支部＋"助推产业脱贫模式的成功经验

一 党建扶贫双推进模式，"党支部＋"全覆盖

以党支部为核心，以企业（合作社、产业基地）为依托，以建档立卡贫困户为主体，以富民强村为目的，建立党支部、企业（合作社、产业基地）、建档立卡贫困户紧密联合体，形成党支部引领，企业（合作社、产业基地）推动、党员带头、群众参与的党建与扶贫工作同频共振、互动多赢的良好格局。着力构建农村党建促发展、促增收、助脱贫的工作机制，有效发挥党支部的核心作用，实现农村党建工作与扶贫工作"双推进"。

塘子街道易隆村委会依托岚亚养殖专业合作社，采取"党支部＋合作社＋农户"模式，贫困户自愿以帮扶资金入股合作社进行寻甸特色土鸡养殖，合作社每年向贫困户支付入股资金的10％作为一年的分红。支付给农户的这些分红资金，如果贫困户有条件自己养殖，那么就由合作社按市场价90％的较低价格给贫困户提供相应数量的雏鸡或育成鸡（折抵分红资金），由贫困户自主经营，合作社向贫困户提供养殖生产的信息技术指导和培训，指导贫困户科学养殖，预防疾病，提高养殖质量。贫困户自养的土鸡（鸡蛋）可自主销售，也可由合作社实行保护价收购；若贫困户无条件自养，则合作社直接向贫困户支付分红款。合作期限为三年，合作到期后，贫困户自主选择是否继续合作，对不愿再合作的无条件全额退还股本。以每户入股7000元计，每户每年分红700元，以50天的雏鸡每只20元计，每户可养殖35只鸡，饲养半年后，每只鸡可卖150元，贫困户收入可达5250元，且一年可循环养两次，该模式现已覆盖贫困户121户。

二　企业帮带模式，企业帮带全覆盖

产业发展是脱贫的核心，寻甸整合全县已有的产业企业、合作社和种养殖大户，通过合作的方式帮扶贫困村和贫困户，让每个贫困行政村至少有一个主导产业，让建档立卡贫困户都能参与进来，带动贫困户稳步增收。寻甸县根据对建档立卡贫困户的摸底情况，把自我发展和帮扶带动结合起来，由政府引导，以贫困户为主体，让贫困户和企业在自愿的基础上，实现共同发展。产业扶贫通过直接扶持、资金入股、合作经营、跨区域扶持四种帮扶模式深入展开，企业帮带建档立卡贫困户达到全覆盖。

采取直接扶持和合作经营模式的，由党支部牵头，帮带企业为建档立卡贫困户从事种植、养殖业提供技术帮扶。采取资金入股模式的，建档立卡贫困户将7000元产业扶持资金自愿入股到企业，企业每年按照股金10％的利润分红给建档立卡贫困户，3年后，企业退还建档立卡贫困户7000元本金，建档立卡贫困户还可以继续入股分红。由此产业扶贫资金变股金，建档立卡贫困户变股民，龙头企业承担风险，确保扶贫资金安全、增值，确保贫困户3年内有收益。同时建档立卡贫困户参与土地流转，并外出务工，可实现"1＋1＝N"（即"资金入股＋务工＝入股分红＋土地流转＋务工增收"），达到造血式扶贫的效果。

六哨乡万担坪种植专业合作社探索土地入股合作经营集体经济模式。合作社成员以土地入股，年初可获得每公顷15000元的土地经营权流转费，年终种薯销售后可获得土地入股分红，每公顷土地可分红3000～6000元。合作模式有3个类型。①青壮年出去打工，劳动力缺乏的家庭选择资金入股合作社，一次签订3年入股协议，年底按入股资金的10％分红。41户在规划区范围内的建档立卡户通过土地流转入股合作社，年初有土地租金收入，年底有入股分红。②有劳动力、土地面积多的家庭，选择从合作社购买优质种薯，自己种植，增加收入。③有劳动力但土地面积不多的家庭，选择购买一部分种薯自己生产，一部分资金入股合作社。各村委会根据本村建档立卡贫困户的实际情况，选择适合的合作模式，促进贫困户增产增收。

三　奖补龙头企业模式

对带动 50 户以上建档立卡贫困户资金入股的龙头企业给予扶持，有效激发了企业的扶贫热情，助推了产业发展，带动了脱贫增收，实现了企业与贫困户的利益联结。

四　收益保险模式

寻甸县在全省首创生猪、肉牛、山羊养殖业收益（收入）保险，创造了保险新品种，开辟了金融助推产业扶贫的新局面。2017 年投保企业 71 个，总投保费用达 256.37 万元，保险费用达 5127 万元，为企业降低了生产经营风险，降低了建档立卡贫困户入股资金风险。截至 2017 年 12 月，全县收益（收入）保险已完成并生效，投保企业合计 71 个，其中肉牛企业 26 个、生猪企业 38 个、山羊企业 7 个。71 个企业共帮带建档立卡户 6698 户 21926 人发展产业增收脱贫，全县总投保费用达 256.36575 万元，县级财政承担投保费达 179.456025 万元，企业承担投保费 76.909725 万元，总保险总额达 5127.315 万元。

第五节　"党支部+"助推产业脱贫模式的推广应用

我国多年的精准扶贫工作取得了成绩但也存在问题，尽管在社会各界支持和大量扶贫资金投入的情况下，贫困区的经济得到快速发展，农民收入有所增加，但是从贫困人口的绝对数量和地区发展差距上看，我国扶贫任务依然艰巨。推行"党支部+"助推产业脱贫模式，把产业扶贫导入党组织建设工作，充分发挥了"五星争创""党员先锋指数""红色细胞工程"等活动的优势，逐步构建了红色细胞、红色阵地、精准扶贫的网络党建新体系。加快推进新形势下精准扶贫的主体党组织建设工作，可促进党支部建设与产业脱贫深度融合，激发两者融合的内生动力，使贫困山区的脱贫攻坚事业取得事半功倍的效果，并形成可借鉴与推广的典型模式。

一　充分整合资源，实现党建扶贫突破

扶贫攻坚自上而下的政策、项目、资金扶持较多，但具体操作中资源分散、制度条

例存在限制，造成基层普遍存在单打独斗的工作态势。因此必须统筹各方资源，在推进党建扶贫工作中树立"一盘棋"观念，充分发挥组织优势，注重项目、资金、人力、政策整合，集中攻坚，精准发力，切实保证扶贫攻坚效益最大化。

二　完善现有贫困地区"党支部＋"助推产业脱贫的体制机制

扶贫开发作为长期性、系统性工程，要常态化推进，健全体制机制是重要保障。只有制定科学的保障机制、激励机制、责任机制、考评机制，促进各级党组织自觉履行政治责任，主动激发各主体决战决胜的内生动力，才能保障服务扶贫攻坚常态化发力、久久为功。要使体制机制的建立与完善跟上改革的步伐，提高农民的参与度，使其共享改革成果。

三　丰富"党支部＋"助推产业脱贫模式的方式方法

边疆少数民族贫困地区党组织要充分发挥组织优势、组织功能和组织力量，科学制定发展规划，挖掘地方优势资源，选准目标产业，打造特色品牌。加大招商引资力度，整合项目资金，创新探索多种"党支部＋"助推产业脱贫模式，因地制宜发展脱贫产业，深入细致地做好产业发展风险评估，尊重群众的主体地位，做优、做强产业，为农民脱贫致富提供有力支撑。

四　发挥党员同志的先锋模范作用，激发贫困户的内生动力

党员宣传送进来，群众双手动起来。贫困村第一书记要带领党员干部经常深入贫困户家中，了解贫困户的思想动态，积极引导他们努力克服"等、靠、要"的思想，树立起"宁愿苦干，不要苦熬"的意识，充分发挥贫困户的主观能动性，变被动脱贫为主动脱贫，从"要我脱贫"到"我要脱贫"，不断提振他们自力更生、艰苦奋斗的精气神。

五　发挥基层党组织在产业扶贫中的坚强后盾作用

"输血"式扶贫能够解决困难群众的"燃眉之急"，但并非"管根本、利长远"之策。现阶段如何提高困难群众的自我发展能力、凸显贫困户的主体性作用已成为产业精准扶贫的重中之重，这需要发挥基层党组织的坚强后盾作用，需要发挥贫困户土地要素、劳动力要素的价值，真正建构多主体、多要素参与的机制，实现贫困户自身潜力的挖掘。在党组织的带动下，搭建产业发展的实体框架，实现长效可持续发展。

第三篇
创新产业扶贫模式

第十章
云南禄劝县雪山乡党参种植产业扶贫模式

第一节　目的与意义

我国是世界上最大的发展中国家，肩负着反贫困的重大使命和艰巨任务，2014 年以来开始实施精准扶贫。中共十九大报告将精准脱贫列为决胜全面建成小康社会的三大攻坚战之一。尽管扶贫方式和脱贫路径多种多样，但实践证明，产业扶贫是解决生存和发展的根本手段，是脱贫的必由之路，位居我国精准扶贫方略"五个一批"之首。

禄劝县是云南省的国家级贫困县之一，其贫困面广、贫困程度深。雪山乡是该县海拔悬殊最大、自然条件最为恶劣、贫困发生率最大的高海拔山区乡镇。全乡位于我国西南部金沙江高山峡谷区，最高海拔 4247 米，最低海拔 794 米，海拔差高达 3453 米，"山高、谷深、坡陡、弯多、路险"是该乡的基本写照。该乡以山地为主，总体坡度较大，气候寒冷，交通不便，产业发展严重受限，2015 年前当地群众仅靠种植玉米、马铃薯等传统农作物维持生计，收益低下。全乡建档立卡贫困户 1367 户、贫困人口 5311 人，贫困发生率（这里指建档立卡贫困人口数占 2014 年农业户籍人口总数的百分比）达 45.00%，居禄劝县 16 个乡镇之首。全乡所辖 7 个村委会均为贫困村，其中有 5 个村为深度贫困村。如何在高海拔山区的贫瘠土地上发展适宜的产业带动贫困群众持续增收和稳定脱贫，是雪山乡面临的最大难题。为了脱贫攻坚这一宏伟的民生工程，雪山乡党委、政府积极作为，大胆开拓创新，2015 年 3 月经多方咨询、外出取经，决定引进种植适合高海拔山区生长的党参等中草药来发展产业，在书姑村委会先行先试，取得初步成效后，于 2017 年决定把发展中草药种植作为产业扶贫之策在全乡范围内推广，形成了独特的高海拔山区产业扶贫模式，到 2018 年末已取得了较好的扶贫效果，雪山乡 2018 年末贫困发生率降至 0.74%。基于多次实地调研、入户调查和乡村干部访谈，本章挖掘、总结了该乡党参种植产业扶贫模式的具体做法、主要成效、成功经验以及推广应用举措，旨在为云南省乃至其他地区高海拔山区精准扶贫与脱贫攻坚工作提供必要的参考和借鉴。

第二节　发展党参种植产业的具体做法

一　科学规划，明确产业发展新思路

一是基于 2015～2016 年书姑村委会的先行先试，确定出雪山乡"种植规模化、布局区域化、生产标准化、品种专业化、营销市场化"的产业发展思路，按照高山峡谷区的立体气候特征，以高、中、低 3 个海拔层合理进行产业布局，积极争取相关政策，稳步推进实施。具体布局是：在海拔≥2400 米的高海拔冷凉山区，着重轮流种植党参、当归等耐寒中药材；在海拔 1500～2400 米的中等地带，主要种植药用木瓜、红花椒等经济作物；在海拔＜1500 米的低热河谷山区，重点种植青花椒、高粱和佛手，并适度试种热区水果。

二是充分发挥产业扶贫资金的引导、拉动效应，精准规划，从土地流转、农作物管护、种苗提供、种植奖励等方面，激励引导产业帮扶对象积极主动参与产业发展，推动全乡扶贫产业发展和壮大，实现老建档立卡贫困户平稳脱贫和非贫困户持续增收，新识别建档立卡贫困户 3 年内每年在种植业上持续收入 2700 元/户以上，并确保 3 年内农村劳动力得到解放，外出务工人员增多，农户家庭经济收入进一步提高。

二　出台细化产业发展方案，因户施策，用活产业扶持资金

一是细化产业发展方案，因户施策。深入落实禄劝县"五个一"稳定增收模式（即一项种养殖业、一亩土地流转、一份合作股份、一亩经济林果、一个光伏扶贫）和"一户一策"发展计划，菜单式发展种植业，每户贫困户均有 2 项以上稳定产业项目〔户均 0.133 公顷土地流转，每公顷流转费 7500 元/年，按 3 年核定；户均 0.133 公顷中草药或青（红）花椒种植，户均签订一份订单种植协议；新识别建档立卡户户均 0.133 公顷农作物管护费，每公顷为 8250 元/年，按 3 年核定〕，保障农户持续稳定地增收。

二是千方百计整合、用活产业扶持资金。种植党参的农户，每户按 0.133 公顷核定，每公顷补助 7500 元苗木成本（书姑村委会农户补助 300 元）。同时按党参成活率对农户进行奖励：苗木成活率≥60%，给予 300 元奖励；苗木成活率达 40%～60%，给予 200 元奖励；苗木成活率＜40% 的，不予任何奖励。种植青（红）花椒的，由乡政府统一免费提供种苗，苗木成活后，按每成活 1 株兑付 5 元的方式兑付苗木奖励费，以 0.133 公顷为限；种植青（红）花椒、党参以外品种的，苗木成活率达≥60% 的给予 300 元奖励，苗木成活率达 40%～60% 的给予 200 元奖励。

三　探索和践行"党支部＋公司＋合作社＋农户"的党参种植模式

认真研究、积极探索党建与扶贫"双促进"的路径，找准基层党建与脱贫攻坚工作的结合点，实现基层党建与脱贫攻坚目标任务的有机融合，将抓基层党建促脱贫攻坚的重心真正放在除"贫"根和去"困"源上。确保基层党建与脱贫攻坚的"无缝对接"，形成"党支部＋企业＋合作社＋农户"的模式，把党组织建于产业链上，把党员致富带头人聚于产业链上，充分发挥党组织的示范引领作用。党组织指导合作社，合作社带动群众，公司保障市场运作，提高农民抵御市场风险的能力，将基层党组织在政治领导、政策引导、发动群众等方面的优势与公司、农民专业合作社在技术、信息、市场、资金等方面的优势有机地结合起来，充分拓宽贫困农户增收的渠道，确保贫困群众脱贫致富，有力地带动和促进全乡各村贫困群众增产和增收，将雪山乡打造成名副其实的"党参之乡"，实现扶贫产业持续、稳定地增收。

四　多措并举，提升组织化程度

一是扶持多种经营主体。引进昆明有志农业科技服务有限公司等多家公司，成立5家农业合作社，构建"党支部＋公司＋合作社＋农户"的扶贫产业发展模式，实现党建与扶贫"双促进"。大力发展农村集体经济，积极推动新型农村合作组织对贫困户的全覆盖，带动农户2657户（其中建档立卡户1367户），实现产业持续、稳定地增收。

二是借力电子商务平台。建立1个乡级电商平台和7个村级电子商务站点，从农场品销售、订单式种植和金融服务等方面拓宽农户致富路径，实现收入196万元。

三是将该乡地理环境条件与农户产业发展相结合，加强村集体经济的发展规划，研究因村因户帮扶产业的发展方案，一村一策，一村一个亮点，确保每一个行政村都有持续稳定的村集体经济项目，达到贫困村脱贫标准。同时，大力推广"党支部＋公司＋合作社＋农户"的模式，由公司和村委会签订采购协议，合作社与农户签订种植协议，议定最低保护价由村委会合作社组织收购、企业回购，并与合作社、公司议定每千克党参返还0.2元作为村党组织集体经济收入。截至2018年底，该乡7个行政村村集体经济收入均达到2万元以上，其中书姑村委会集体经济收入达到6.4万元。

第三节　发展党参种植产业的主要成效

一　农户增收情况

通过全乡1.2万人民群众近几年的辛苦努力，雪山乡取得了以党参种植为代表的产业结构突破。实地调研表明，雪山乡党参种植业真正成了雪山乡的明星产业，也成了雪山乡贫困群众增收的"摇钱树"。

2018 年，雪山乡共种植党参 200 多公顷、当归 33.00 公顷、重楼 13.33 公顷、花椒 586.67 公顷、药用木瓜 33.33 公顷、高粱 13.33 公顷、附子 3.33 公顷，实现农户产业发展全覆盖。其中，党参种植共涉及农户 691 户（建档立卡贫困户 347 户、一般农户 344 户），总收益达 2400 万元，户均收益达 34732 元；当归种植共涉及农户 327 户（建档立卡贫困户 173 户、一般农户 154 户），总收益达 297 万元，户均收益达 9083 元。

二 典型脱贫户党参种植收益与产业扶贫效果

对该乡书姑村委会 50 户典型脱贫户 2018 年党参种植产业收入状况进行调查发现，2018 年 50 户脱贫户平均家庭纯收入 42747 元，人均纯收入 9916 元，远超过 2018 年云南省贫困线标准（3500 元）。从党参产业的扶贫效果来看，这 50 户脱贫户 2018 年党参等药材种植面积为 0.1915 公顷/户，2018 年党参等药材种植纯收入 29262 元/户，占 2018 年家庭纯收入均值的 68.45%。从平均水平来看，即使不计其他方面的收入，只计党参等药材种植纯收入，这 50 户脱贫户（共 211 人）的人均纯收入亦达 6934 元，明显超过 2018 年云南省贫困线标准。可见，党参种植的产业扶贫成效是显著的。

对全乡 1367 户（5311 人）建档立卡户逐户考核和验收发现，到 2018 年 12 月底，雪山乡已脱贫 1343 户（5224 人），剩余贫困户仅 24 户（87 人），贫困发生率降至 0.74%，较 2015 年的 45% 降低了 44.26 个百分点，7 个贫困村（含 5 个深度贫困村）均达到了云南省规定的贫困村退出标准，已顺利退出。

第四节 党参种植产业扶贫模式的成功经验

雪山乡党参种植产业扶贫的实践表明，产业扶贫是山区贫困群众脱贫致富的重要突破口，是确保贫困群众持续、稳定地脱贫致富奔小康的有效途径。雪山乡创立的党参种植产业扶贫模式能够有效地开发利用高海拔山区土地资源，发展特色中药材产业，不仅让贫困群众合理地享受到了各级政府所给予的帮扶政策，破解了"精准到户"的难题，又发挥了高海拔山区资源的优势，创新了精准扶贫政策对贫困户的"瞄准"机制，是新时代打赢脱贫攻坚战的生动实践。2018 年 10 月 15 日，昆明市委书记程连元赴雪山乡调研脱贫攻坚工作并实地察看了雪山乡书姑村委会的党参种植情况后，要求雪山乡结合独特的立体气候特点，大力发展高原特色现代农业，打响"雪山牌"这一特色产业品牌，全力打造"党参之乡"，让自然生态优势变成经济优势，打赢脱贫攻坚战。

一　政府积极引导是支柱

雪山乡的党参种植产业，实现了可持续扶贫。在这一产业扶贫模式中，雪山乡党委、政府充分发挥贫困群众的积极性、主动性和创造性，自强自立，在国家、云南省、昆明市、禄劝县和社会各界的必要扶持下，注重"授人以渔"，极力提高贫困群众的自我发展能力，在党参种植产业扶贫模式中自始至终起着支柱性的核心作用。2015 年前，雪山乡农户受高山峡谷区地貌、气候等地理环境因素限制，仅靠种植玉米、马铃薯等传统农作物维持生计，1 公顷收益不足 0.75 万元。2015 年，乡党委、政府决定引种党参等中草药来发展产业，并在书姑村委会先行先试。时值 3 月，农户的土地已基本种植了玉米等传统作物，在没有任何党参种植经验的情况下，乡党委、政府组织工作队挨家挨户上门为农户做思想工作，要求村组干部和党员先行先试，拔了家里的"禾苗"，种上"党参苗"。2015 年采用全额补助种植成本引导种植，按每公顷补贴 3 万元种苗（补贴方式为乡政府承担 70%，公司承担 30%）的方式试点种植党参 4 公顷，当年实现产量 43 吨，总收入 48.54 万元，部分农户每公顷收入 15 万多元，比以前种植玉米、马铃薯的收入提高了 19 倍以上。2016 年，乡党委、政府继续推广种植党参，每公顷补贴 7500 元，持续提高农户的党参种植积极性，书姑村委会动员 138 户农户种植面积 16.08 公顷，实现产量 173 吨，总收入 384.11 万元，种植户户均增收 7285.6 元。2017 年，乡党委、政府在科学总结归纳 2015 年和 2016 年党参种植经验后，决定把中草药种植作为产业扶贫之策在全乡范围内进行推广，实施集中连片开发，构建扶贫产业支撑。为此，雪山乡按照"高起点、大手笔、全方位"的要求，编制了《雪山乡特色中草药产业连片开发规划》，坚持按照高、中、低 3 个海拔层和"一村一品""一村多品"的布局来实施连片开发项目，积极推进雪山乡扶贫产业的规模化、专业化、信息化和品牌化，大力提高产业的组织化程度，并延伸产业链条，形成"产+销"一条龙体系，为贫困户的脱贫致富构建起产业支撑。

二　龙头企业带动是载体

破解贫困户"种什么、怎样种、如何卖、怎么卖个好价钱"的问题是当今脱贫攻坚工作的出发点和重要着力点。要想让高海拔山区的贫困群众真正做到与日益成熟的大市场相对接，获取较好的经济收益，必须通过市场经济的手段，用利益连接的方式，将龙头企业与贫困群众、扶贫资金三者有机地连为一体，使龙头企业成为扶贫产业项目实施与资金周转的有效载体，促进产业扶贫工作的社会化与市场化。为此，雪山乡坚持引进昆明有志农业科技有限公司、禄劝百味中草药有限公司等龙头企业，并加大对这些扶贫龙头企业的扶持力度。通过让扶贫龙头企业与贫困户直接签订种植和收购合同，确定最低保护价收购和企业回购措施，让农产品进入市场，有效地解决了农户的产品销售难问题，实现了分散经营的农户与大市场的有效对接，有效稳定了党参市场，确保了农户的根本利益。2018年9月昆明市人大常委会主任拉玛·兴高到雪山乡书姑村"党建＋扶贫"示范基地调研党参产业发展情况，在场的建档立卡贫困户们异口同声地对拉玛·兴高主任说："只要党参市场稳定，价格不跌，那就不用政府来扶贫了，我们自己就能增收致富。"

三　合作社组织是桥梁

为贫困户搞好"产前－产中－产后"的一条龙服务，是雪山乡产业扶贫项目顺利实施、确保贫困群众增收的关键环节。按照雪山乡党委、政府制定的"逐步组建产业合作社，实现规模化、标准化生产"的产业工作思路，为了发展中草药特色产业，雪山乡先后建立了轿子雪山中草药种植专业合作社等7家专业种植合作社。目前，全乡7个贫困村全部建档立卡贫困户1367户均成为合作社的社员，合作社定期组织贫困群众参观培训、交流经验和外出考察取经，不仅提高了党参种植产业项目的组织化程度，还有效破解了贫困群众缺技术和缺信息的难题。通过近3年的不断探索和完善，雪山乡党委、政府运用市场经济的手段，让贫困群众与合作社组织实现了利益联结，结成了利益共同体，合作社充分发挥了带动贫困群众实现增收致富的桥梁纽带作用，使贫困户从以往的"单打独斗"变为现今的"抱团发展"。

第五节　党参种植产业扶贫模式的推广应用举措

近几年来，雪山乡逐渐摸索出一条富有雪山乡特色的党参种植产业扶贫之路，但雪山乡的党参种植模式并非不可复制，很多相同或相似条件的地方也适合发展党参（或其他中药材）种植产业。同时，很多经验和启示在本质上是相通的，只要抓住核心思路，抓住产业发展的关键，都是可以借鉴采用的。

一　紧紧抓住当地的地理环境条件和人力条件

一是党参属于深根性植物，适宜生长于土层深厚、疏松、排水良好的沙质壤土中，其适应性较强，喜欢温和凉爽的气候，怕热、怕涝、较耐寒，在云南通常适合生长于海拔2000～3000米的温凉山区。

二是党参适合种植在低产出、低附加值、投入和产出不成正比的高海拔山区，这样才能凸显党参种植的优势。与种植玉米、马铃薯等传统农作物相比，雪山乡种植党参的收益提升了 10～20 倍。

三是党参种植属于劳动密集型产业，从育苗、中期管理到后期收获均需要大量劳动力，适合剩余劳动力（特别是老年人）较多的地方，可以充分消化富余劳动力，带动就业，为农户创收。

从以上条件来分析，在高海拔贫困山区推广党参等中药材种植是大有可为的。从禄劝县来看，党参等温凉气候区中药材适种范围较广，据量算和统计，禄劝县海拔 2000～3000 米土地面积达 3094.41 平方千米，占全县总面积的 72.83%；据云南省农业区划办公室量算，全省暖温带和温带气候（西部海拔 2000～3000 米，东部海拔 1900～2800 米）的土地面积达 125545.54 平方千米，占全省总面积的 32.75%。这表明，禄劝县乃至云南省高海拔贫困山区发展党参等中药材产业的土地资源禀赋较好。

二　因地制宜创建特色作物种植的产业扶贫模式

一是坚持因地制宜的产业发展原则，积极引导贫困村立足于当地的自然资源禀赋，发挥比较优势，大力推动集中连片的特色扶贫产业集群发展，按照专业化布局、区域化生产的要求，形成"一乡一业、一村一品"的特色优势扶贫产业。

二是积极创新体制机制，大力引进和培育新型经营主体，切实探索"党建＋企业＋合作社＋贫困户"的产业帮扶新模式，为贫困户构建长期稳定的增收渠道。

三是努力发展集体经济，积极探索与市场经济要求相符的集体经济运行新机制，确保集体资产的保值增值，增加贫困群众的资产性收益，不断增强集体经济的活力。

四是切实加大产业扶贫、金融扶持力度，不断创新产业扶贫模式，探索企业与贫困户之间的利益联结机制，着力打造一批龙头企业，带动山区农业产业壮大，促进农民增收。强化政策引导、技术指导、以奖代补等相关措施，大力发展合适的特色农业产业，并加大对已落地的扶贫产业的科学管理，使其及时发挥效益，促进贫困群众的增收。

第十一章
云南弥渡县生猪扶贫全产业链模式

2019 年下半年以来，超级猪周期遇上非洲猪瘟扫荡，生猪产能持续下降，猪肉市场供给紧俏，"天蓬元帅"剩者为王，"我家有猪"比肩"我家有矿"。在这样的背景下，弥渡县 50 万头正大生猪扶贫全产业链完美规避疫病风险，穿越超级猪周期，开启"金猪"时代，带动全县 8 个乡镇 85 个行政村 4110 户 15000 多人尽享养殖红利，52 个贫困村每村每年增加村集体收入 10 万元，33 个非贫困村每村每年增收 5 万元，为我们提供了一个可供借鉴的生猪产业扶贫实践方案。

第一节 生猪产业基本情况

一 弥渡贫困情况

弥渡县地处全国 14 个集中连片特殊困难地区之滇西边境山区，山区、半山区面积占 91.34%，人均耕地面积不足 0.05 公顷，山多坝少，人多地少，群众生产生活条件较为落后。2014 年全县识别出贫困乡镇 4 个、贫困村 52 个（其中深度贫困村 34 个）、建档立卡贫困人口 18244 户 69078 人，贫困发生率 25.26%，是国家扶贫开发工作重点县。

二 生猪产业建设的目的

促进贫困群众持续稳定增收，壮大村集体经济，增加地方财政收入，助推脱贫攻坚。

三 生猪产业建设的内容

建设 1 个年产 18 万吨的饲料厂，3 个 5000 头种猪场，150 栋 1100 头育肥场（85 个合作社建设 137 栋，社会投资建设 13 栋），1 个生猪屠宰场和 1 个食品加工厂，项目计划总投资 7.45 亿元。

四 生猪产业优势

一是覆盖广。项目覆盖全县 8 个乡镇 85 个行政村 4110 户建档立卡贫困户 1.5 万人。

二是效益好。助力 4110 户贫困户实现每年户均收益 3000 元左右，52 个贫困村每村每年增加村集体收入 10 万元，33 个非贫困村每村每年增收 5 万元，全面解决了村集体经济空壳问题；带动养殖业、种植业、屠宰加工运输业 2600 多人就业，促进生猪产业规模化、标准化发展；为实现正大生猪全产业链产值突破 35 亿元、企业利润 7 亿元、财政税收 1 亿元以上目标奠定了坚实基础。

三是标准高。按照欧美国家标准建设标准化生猪育肥场，配套建设自动供料系统、自动保暖降温系统、自动饮水系统、自动电子监控系统等先进设施设备，打造国内一流的标准化生猪育肥场，实现生猪养殖规模化、标准化、规范化、自动化、智能化。

四是风险低。建档立卡贫困户加入合作社建设生猪标准化育肥场，正大集团租赁并进行经营管理，承担全部资金流动风险、生产风险、市场风险、疫病风险，合作社按时收取生猪育肥场租赁费给贫困户，贫困户收入稳定，风险较低。

第二节 主要做法

弥渡县立足传统生猪养殖大县实际及产业发展现状，坚持精准扶贫、融合发展、绿色发展的理念，创新发展理念、创新扶贫模式、创新政策支撑，构建生猪全产业链、全利益链、全服务链，"三创三构"探索创新"党组织＋龙头企业＋金融机构＋合作社＋贫困户"的"1＋4"产业扶贫模式，倾力打造 50 万头正大生猪扶贫全产业链。

一 创新发展理念，构建全产业链

一是以精准扶贫的理念定位。针对贫困地区特别是山区半山区增收产业培育难的实际情况，在深入调研的基础上，紧扣以"一头猪、一棵菜"为重点的高原特色现代农业产业发展思路，将生猪产业定位为全县的核心产业，作为贫困地区精准脱贫的根本之举、贫困村产业扶贫的主抓手、贫困户脱贫增收的主渠道，走规模化、标准化、设施化、规范化养殖之路。

二是以融合发展的理念谋划。坚持三次产业融合发展，以工业化理念、市场化手段发展生猪产业。通过招大商、引大商，于 2014 年 6 月引入正大集团，开展 50 万头正大生猪全产业链扶贫项目，构建了集饲料生产、生猪养殖、屠宰加工、产品销售于一体的全产业链，有效规避了生猪市场波动和疫病带来的养殖风险，建立了畜产品可追溯体系，保障了食品消费和社会公共卫生安全，促进了全县生猪产业又好又快发展，实现了城乡统筹发展、工农有机结合、多方共赢、强县富民的目标。

三是以绿色发展的理念布局。坚持走种养结合、生态循环的路子，抢抓退耕还林还草、畜禽粪污资源化利用整县推进项目等政策机遇，统筹规划生猪产业与全县高原特色农业布局；成立技术专家组，统一规划圈舍建设选址，做到科学论证、合理选址、注重环保；通过流转土地发展规模适宜的果园、蔬菜园，将生猪养殖粪污通过干湿分离、沼气净化等技术工艺，实现干粪还田、沼液灌溉果园及蔬菜园，有效解决了生猪养殖环境污染的问题，走出了一条生态环保、绿色发展的路子。

二 创新扶贫模式，构建全利益链

秉持共建共享的理念，探索创新"党组织 + 龙头企业 + 金融机构 + 合作社 + 贫困户"的"1 + 4"产业扶贫模式，充分调动党委政府、龙头企业、金融机构、村级组织和贫困群众等各方力量，广泛参与到 50 万头正大生猪全产业链扶贫项目建设中来。

一是党组织引领。党组织为生猪产业扶贫组织引导方，负责制定产业扶贫规划、搭建平台、整合项目、落实政策。县委、县政府制定出台《弥渡县关于加快推进 50 万头正大生猪养殖产业扶贫项目建设的实施意见》，并组建项目建设领导组和指挥部，全面负责项目组织实施。乡镇党委、政府负责协调项目选址、申报、用地等工作。村党总支、村委会负责组建合作社等事宜。

二是龙头企业带动。龙头企业——正大集团作为生猪产业扶贫技术提供方，负责指导生猪育肥场建设、制定生猪养殖标准，全程提供生产原材料和技术服务，回收产品，支付育肥场租赁费或生猪代养费。正大集团由合作社委托按照欧美国家标准建设、租赁、经营、管理生猪育肥场，与合作社签订 10 年不可更改租赁协议，每年为每栋育肥场支付租金 26 万元。正大集团建设 1 个年产 18 万吨饲料厂、3 个 5000 头种猪场、1 个生猪屠宰场、1 个食品加工厂，形成生猪产业链条。目前，年产 18 万吨的饲料厂已建成投产，141 栋标准化生猪育肥场分布在全县 8 个乡镇 85 个行政村，2 个 5000 头种猪场正在建设中。

三是金融支撑。金融机构为生猪产业扶贫资金支持方，负责提供信贷资金支持，发放畜牧业贴息贷款 5000 万元、小额扶贫贴息贷款 2.055 亿元，协调正大集团担保贷款公司为社会投资代养户担保贷款，解决 50 万头正大生猪全产业链扶贫项目建设资金困难问题。

四是合作社主体。合作社为生猪产业扶贫运作方，由村集体组织成立以行政村负责人为合作社理事、贫困户为合作社社员的农民专业合作社，负责健全合作社章程，构建利益分配机制，维护贫困户利益。全县 85 个行政村组织建档立卡贫困户成立 85 个合作社，建成 139 栋 1100 头生猪配套育肥场（超额完成 2 栋），每栋育肥场带动 30 户建档立卡贫困户。

五是群众参与。建档立卡贫困户通过深入了解扶持政策、项目前景和项目风险，多方权衡后加入生猪养殖农民专业合作社，作为生猪产业扶贫最终受益方，每年从合作社获得稳定收益分成。

三　创新政策支撑，构建全服务链

一是加强组织保障。成立以县委书记、县长为组长，分管副县长为副组长，相关领导为成员的弥渡县50万头正大生猪全产业链扶贫项目建设领导组，统筹项目的组织实施。加强部门联动，全县各级各部门牢固树立全局意识、责任意识、服务意识、担当意识，紧密结合部门工作特点和职责，主动配合，搞好服务，形成强大合力。

二是加大政策扶持。多方整合扶贫资金，安排县级财政资金用于50万头正大生猪全产业链扶贫项目建设，对建档立卡贫困户每户给予5万元3年期限小额扶贫贴息贷款；对合作社每栋给予一次性资金补助60万元；对社会投资每栋一次性补助10万元，或者给予70万元以内3年贴息贷款；对建设5000头的种猪场一次性补助500万元，2400头的种猪场补助250万元，统一提供项目用地，解决水、电、路问题。

三是加强技术支撑。抽调农业农村、自然资源、林草、生态环境、水务等部门技术力量及正大集团专家共同组成项目建设技术专家组，统一规划圈舍建设选址。受专业合作社委托，正大集团负责整个项目规划、设计、建设、管理、运营、培训及完成项目建设设施设备采购、主体工程建设招投标和工程监理等工作，确保项目建设质量及工程建设进度。

四是加大招商引资。引入大而强的畜禽养殖废弃物资源化利用处理企业和病死畜禽无害化处理企业落户弥渡，实现养殖粪污及病死畜禽就近转化和无害化处理，减少养殖带来的环境污染，保障畜产品消费安全，促进农业和农村经济可持续健康发展。

第三节　取得的成效

一　实现贫困群众稳定脱贫

全县139栋1100头合作社育肥场项目建成投产，贫困户每户每年获得收益分成3000元左右，带动4110户贫困户15000多人稳定增收；通过发展养殖、种植、饲料、屠宰加工、运输行业，促进2600多人就业，构建了贫困户资产性收入、现金收入、土地流转收入和创业收入相结合的复合型收入模式，形成了贫困人口稳定脱贫、增收致富的良好局面。

二 实现村级集体经济持续增收

项目建成后，全县52个贫困村每村每年增加村集体收入10万元，33个非贫困村每村每年增收5万元，全县85个行政村实现每年村集体增收685万元，100%实现行政村有集体经济收入，全面壮大了村级集体经济。10年后，育肥场产权将归村集体所有，扶贫贷款将得到偿还，贫困村集体经济收入将达52万元以上，非贫困村收入将达26万元以上。

三 促进产业融合发展

项目集饲料加工、生猪养殖、产品加工于一体，涵盖养殖、屠宰、加工、运输等产业链条，逐步建成产业配套、竞争力强的现代生猪产业体系，实现生猪养殖规模化、标准化、规范化、自动化、智能化，促进生猪养殖、蔬菜种植、产品加工、销售流通等产业融合发展，可实现产业综合产值35亿元，财政税收1亿元以上。

四 保障生猪稳产保供

项目建成后，弥渡县生猪规模养殖比例提高22%，全县生猪标准化规模化、养殖程度至少可以提前15年实现，一次性新增22个万头猪场，年出栏正大生猪达30万头以上，全县生猪年出栏突破100万头。针对非洲猪瘟疫情防控的严峻形势，弥渡县50万头正大生猪全产业链扶贫项目建设的育肥场成为稳定弥渡生猪生产、保障全州生猪市场供应的主力军，出栏的生猪除了保障县内肉食品供应外，还为大理州及省外地区提供肉食品，满足人民群众消费需求。

第四节 经验启示

一 党的领导是核心

以创建基层服务型党组织为核心，以脱贫攻坚为主线，充分发挥党的政治优势、组织优势和密切联系群众的优势，帮助群众脱贫致富。党建扶贫双推进，通过合作共养、入企务工、入股分红等方式带动群众致富，壮大村集体经济，把基层党组织建设成带领群众脱贫致富的坚强战斗堡垒。

二 脱贫致富是目的

产业扶贫的出发点和落脚点是贫困户增收脱贫，要坚持把培育新型农业经营主体作为推动产业扶贫的有效举措，引导经营主体与贫困户建立紧密的利益联结机制，帮助贫困户获得稳定收益，使贫困户增收由被动变为主动，由"输血"变"造血"。

三　组织保障是基础

一是强化组织保障，在县、乡、村各级层面建立抓产业的专业班子，明确一班人马，瞄准一个目标，制定一套措施，一以贯之，一张蓝图绘到底。

二是强化资金保障，"多个渠道引水、一个龙头放水"，真金白银干脱贫。强化招商引资，积极引入社会资本，聚集市场闲散资金，汇聚多元扶贫合力，形成强大的脱贫攻坚资金合力。

四　龙头企业带动是关键

产业扶贫的关键是在龙头企业带动。要着力培育壮大龙头企业、专业合作社、家庭农场等新型经营主体，鼓励各类人才积极参与兴办农民专业合作经济组织，利用财政专项资金、产业发展资金、贷款担保补助、税费减免、保险保费补助等优惠政策，大力支持扶贫合作经济组织、龙头企业发展，积极推广"党组织＋龙头企业＋金融机构＋合作社＋贫困户"的"1＋4"产业扶贫模式，以龙头带合作社，合作社连贫困户，实现合作组织对贫困户全覆盖。

第十二章
广西德保县以产业链条筑牢脱贫模式

德保县地处广西西南部，是全国扶贫开发工作重点县，是广西壮族自治区20个深度贫困县之一。县辖7镇5乡186个行政村（社区），总人口36.8万，2015年底全县农业户籍人口334797人，共有89个贫困村，建档立卡贫困人口102528人。全县土地总面积2575平方千米，山区面积占70%，地处大石山区是德保发展最大的瓶颈。经过多年攻坚克难，德保县2016～2019年累计实现64个贫困村出列、68465个贫困人口脱贫，贫困发生率由21%下降至1.22%，2019年实现整县脱贫摘帽的目标。这个集"老少边山穷"于一身的国定贫困县，是如何打好这场翻身仗的呢？

习近平总书记指出，发展产业是实现脱贫的根本之策，要因地制宜，把培育产业作为推动脱贫攻坚的根本出路。脱贫攻坚工作以来，为了从根本上摘穷帽、拔穷根，德保县始终致力于发展产业，结合本地实际，选准县级"5＋2"和村级"3＋1"特色主导产业，深入实施"五个十万"工程（到2020年，脐橙、山楂、桑蚕种植面积分别达10万亩以上，八角低改面积达10万亩以上，年出栏生猪10万头以上）、"1125"工作模式，推动柑橘、山楂、桑蚕、生猪、糖料蔗、肉鸡、八角等扶贫产业蓬勃发展。全县6.67公顷以上连片产业基地（园）159个，其中，发展"5＋2"特色产业的产业基地（园）117个，覆盖率为94.32%，累计带动1.65万户贫困群众稳定脱贫。全县行政村全部实现集体经济收入4万元以上，总收入达1213.63万元，发展质量排百色市前列，走出了一条具有德保特色的产业致富新路子。

第一节　创新举措推动产业规模化发展

产业发展，资金投入是基础，选对项目是关键。

德保县那甲镇因地制宜发展种桑养蚕项目，采取"联合党委＋专业合作社＋基地＋能人"发展模式，按照标准化管理，示范园集合了全镇力量，把分散的8个村集中起来经营，全镇8个村800多户贫困户，单桑蚕这一项，户年均增收7000元以上。

近年来，德保县因地制宜围绕柑橘、山楂、桑蚕、生猪、糖料蔗、肉鸡、八角等扶贫产业，创新打造"1125"工作模式（即一个党支部引领，打造一个产业基地，实现贫困户、贫困村集体经济双覆盖，用好创业致富带头人、龙头企业、技能培训、资金政策、金融保险等5大要素），实施规模化种植、区域抱团发展。目前，全县6.67公顷以上连片产业基地（园）159个，其中，发展"5+2"特色产业的产业基地（园）117个。2019年，全县共有柑橘9533.33公顷，比2015年增加3200公顷；桑园4200公顷，比2015年增加3933.33公顷；山楂4826.67公顷，比2015年增加3293.33公顷。2019年肉猪出栏15.82万头，比2015年增加4.5万头；肉鸡出栏354.92万羽，比2015年增加72万羽。

为解决村集体经济收入难的问题，2017年以来，德保通过积极争取上级资金、统筹县本级资金，共投入1.4亿元扶持89个贫困村和96个非贫困村发展壮大村级集体经济，发展集体经济项目491个。结合产业基地发展的优势，创新打造"党群致富共同体"工作模式，即按每个村"建设1个产业基地、结对1个党支部、引进或创办1个企业（专业合作社）、培育1批致富带头人、带动1方贫困户"等五个"1"为要求，以"党组织＋经营主体＋产业基地＋群众"为模式，以专业化生产为基础，为群众提供产前、产中、产后服务，减少群众在生产经营过程中不必要的人力和资源浪费，让党组织建在产业链上、党员聚在产业链上、群众富在产业链上，实现"支部强、产业兴、群众富"的"三赢"目标。2019年，全县已全面创建139个"党群致富共同体"，185个村（社区）集体经济收入全部达到4万元以上，总收入达1213.63万元，有28个村集体经济突破10万元。

德保县龙光乡打造"1＋X"党群致富共同体覆盖全乡19个行政村，建立80个产业党小组进行技术指导和产销对接。2019年全乡村集体收入达168.55万元，平均每村8.9万元。足荣镇百农村第一书记梁祖城牵头带领支部党员干部及群众创办微型榨油作坊，带动全村405户群众，年收入达19.36万元。

为解决产业发展资金难的问题，德保县加大扶贫产业奖补力度，整合资金3323.29万元，用于奖补16795户贫困户发展产业。2020年，针对疫情德保县出台十条措施助疫情防控促脱贫攻坚，对养蚕、种植、养猪等产业实施系列扶持政策。贫困户在3月31日前、4月1日至6月30日期间发展并验收的产业，单户单项最低奖补规模调整为原来的50%，奖补标准在原来基础上分别增加50%、30%的补助等。截至2020年3月底，已发放产业"以奖代补"资金2975万元，惠及7684户贫困户。

为防范生产技术风险，德保县建立完善产业发展技术服务队伍体系，组建县、乡（镇）、村三级扶贫产业技术指导服务团队共600多人，开展产业发展指导和技术培训，保障产业可持续发展。2019年，举办各类产业技术培训班176场次，培训农户4827户；

深入田间地头指导服务 2.79 万次，指导贫困人口 5.86 万人。2020 年 2~3 月疫情期间，产业技术指导服务团队通过电话、微信等信息化平台，线上技术指导农户抓好春耕备耕。4 月疫情缓解后，陆续深入各乡（镇）田间地头开展种植管理田间现场培训班 28 场次，培训农户 1265 户，入户开展指导服务 2.61 万多次。

第二节　构建"产销一体化"筑牢扶贫链条

为了延伸产业链，实现农业产业效益的最大化。德保县引进广西德保县江缘茧丝绸有限公司，该公司是一家集鲜茧收购、烘干、加工制丝于一体的农产品加工企业，在德保县收购蚕茧，并安排技术人员到全县 12 个乡镇进行技术指导，形成了产前、产中、产后全程服务，为蚕农提供全方位服务。公司年产白厂丝 600 吨，可实现年销售收入 2.7 亿元，上缴税金 800 万元，解决当地 700 多人就业，使广大蚕农增收 2.8 亿元以上，对带动桑蚕茧丝产业的迅速发展、政府的精准扶贫工作和当地经济的发展产生了积极而深远的影响。

近年来，德保县精心打造现代特色农业（核心）示范区（园/点），2017 年以来获得现代特色农业示范产业区（园/点）认定 212 个（其中：自治区级核心示范区 1 个、市级示范区 1 个、县级示范区 4 个、乡级示范园 22 个、村级示范点 184 个）。

燕峒乡旺屯村的铁皮石斛种植基地是一个典型的村级现代化产业示范点，该基地集种苗驯化、石山近野生种植、枫斗加工、生产技术培训、种植推广、营销网络建设为一体，年产值约 225 万元，预计纯收入约 110 万元，为旺屯村 100 户贫困户提供长期的产业支撑，仅务工就使贫困户年均增收 7000 元以上，村集体经济年收入预计超 15 万元，在大石山区具有极大的推广价值。

2019 年，全县 89 个贫困村中，有 81 个新型经营主体、58 个产业示范基地通过土地流转、订单帮扶、技术指导、劳务就业等方式，带动 4495 户贫困户发展产业并实现增收脱贫。

此外，德保县以深圳市南山区对口帮扶为契机，与天虹商场、点筹网等深圳农业企业达成合作意向，通过电商平台销售推广、参加农产品展销会、实地考察促成包销等方式，加大德保县脐橙、柑橘、山楂等特色农产品的销售力度，积极探索出"产销一体"的帮扶模式，解决农民的销售问题。

据统计，2019 年至 2020 年 3 月，深圳点筹网通过线上线下销售德保县特色农产品达 3168.8 万余元，涉及小杂粮、沃柑、茶叶、大果山楂等 30 余种农副产品，还采购脐橙累计 136 万斤，以扶贫的方式为德保地区直接或间接带动近 1086 户贫困户实现增收，人均增收约达 1500 元。

目前，德保县还积极探索"农业＋文化＋旅游＋康养"等新模式，积极培育休闲农业、加工产业、冷链物流、农村电商等新业态，延长产业链，实现线上线下平台配送、资源配置等多端发展。目前，德保县全国电子商务进农村综合示范县项目正在推进当中。

第三节　打造品牌引领产业走高端路线

在该县足荣工业园区广西实味食品有限公司，工人们正在将新收购回来的德保大果山楂进行加工。成品后，一袋袋包装精美的山楂系列产品将销往全国各地。

近年来，德保县聚焦特色产业和优势资源，整合包装了一批精品项目，打造了一批有规模、有名气、有效益的农业品牌，品牌效应逐步凸显。

"十三五"期间，德保脐橙、山楂、黑猪等产品获得国家地理标志保护产品认证，德保超越农业有限公司柑橘产业基地等 8 个基地、德保脐橙等 9 个产品通过农业农村部无公害产地认证。

"品牌打出去了，果还长在树上就被订购完了。"都安乡健茂柑橘产业园的负责人农嘉瑄介绍说。该园区种植面积 133.33 公顷，今年是挂果第二年，挂果 40 公顷左右，单产 4.50 吨／公顷，每年产值 1800 万元左右，主要销往北京新发地农产品批发市场。

在产品销售方面，德保县转变传统销售观念，按照产品质量分类分等级进行包装销售，打造精品化、高端化产品，有效提高品牌效应。

"一个品质上乘的脐橙，经过精心包装，在一线城市可以卖到 15 元一个。这个市场一旦打开，带来的经济效益很可观。"德保县农业农村局局长农全欢介绍。目前，德保县共种植柑橘 9533.33 公顷，主要品种为脐橙、砂糖橘、沃柑等，预计年产量 17.5 万吨，产值 10.5 亿元，柑橘产业带动贫困户 1510 户 5889 人，年人均增收 4906 元。以脐橙为主的柑橘类水果已成为德保的一张"产业名片"。

第十三章
云南弥渡县蔬菜产业扶贫模式

弥渡县蔬菜栽培历史悠久,素有"蔬菜王国"的美誉,是全国菜篮子产品生产先进县、全国大宗蔬菜16个重点县市区之一、全省首批16个无公害蔬菜行动计划县之一、省蔬菜产业"一县一业"特色县。弥渡县依托资源优势,建基地、强科技、育龙头、创品牌、拓市场,实现蔬菜产业转型升级。2019年种植蔬菜14933.33公顷,产量达95万吨,销往全国各地,产值达23.3亿元。蔬菜产业覆盖建档立卡贫困户5803户20317人,建档立卡贫困户通过发展蔬菜产业人均增收3345元,走出了一条符合弥渡实际的高原特色产业扶贫之路。

第一节　建强产业基地

弥渡县及时出台加快蔬菜产业发展的意见,加大资金投入,整合蔬菜产业项目,实施中低产田地改造、高标准农田建设等农田水利建设项目,加强标准化蔬菜基地建设。从2016年起,县财政每年安排蔬菜产业专项资金1000万元,主要用于补助支持蔬菜,冷链物流,"金蔬贷"贴息,电子商务,新品种和新技术引进试验、示范、推广、培训等重点工作。建成6666.67公顷无公害蔬菜生产基地、5600公顷蔬菜出口食品农产品质量安全示范区、10公顷工厂化育苗基地、3个蔬菜无土栽培示范点、4个州级蔬菜生产示范家庭农场、3个州级以上蔬菜生产农民专业合作社示范社,建成全国最大单品樱桃番茄无土栽培生产基地,蔬菜产业迅速做强做大。

第二节　强化科技支撑

坚持科技兴农,构建"专家+示范基地+技术指导员+科技示范户+辐射带动户"的科技成果快速转化机制。总结推广错季蔬菜栽培、无公害蔬菜栽培、无土栽培等新技术20余项,引进推广蔬菜新品种40多个。不断加强乡土人才培养,充分利用科技培训、新型职业农民培育等项目,大力培育蔬菜生产、经营管理人才。制定大蒜等蔬菜标准化种植技术规程 14 个，推广防虫网、太阳能杀虫灯等新材料、新设施 20 余项，蔬菜生产新品种、新技术、新设施得到广泛应用，科技应用水平大幅提升，产业效益大幅提高，蔬菜从初级产品转化为高端产品。2019 年蔬菜产量达 63.60 吨/公顷，产值达 14.25 万元/公顷，最高产值达 90 万元/公顷。

第三节　培育新型主体

围绕扶贫产业，加大新型经营主体培育力度，引入山东寿光、广东深圳等地农业蔬菜种植示范企业，大力扶持农民专业合作社、现代农业庄园、家庭农场等新型农业经营主体发展，积极探索构建新型经营主体与建档立卡贫困户的利益联结发展机制。全县累计培育蔬菜产业化龙头企业 14 个、蔬菜类农民专业合作社 72 个、蔬菜家庭农场 24 个、蔬菜种植大户 33 户，其中，大理春沐源农业科技有限公司成为大理自治州唯一接入省级数字农业示范的企业。新型农业经营主体辐射带动周边 4.6 万农户发展蔬菜产业，同时吸纳农村贫困劳动力近 3000 人，人均月收入达 2500 元以上，有力促进了贫困群众持续稳定增收。

第四节　抓实品牌建设

坚持绿色发展理念，打造具有弥渡特色的蔬菜"名片"。大力推广蔬菜标准化生产，建立蔬菜质量安全追溯体系，健全质量安全监测预警机制，大幅提升了蔬菜质量安全水平。全县取得蔬菜无公害产品认证 33 个、A 级绿色食品认证 27 个，"老土罐""张氏建林"创云南省著名商标，太极、曹氏金富、小河淌水等系列品牌被认定为优质农产品，弥渡大蒜、大青菜、酸腌菜、大芋头 4 个产品获国家地理标志证明商标，黄瓜等 2 个产品入围云南省绿色食品"10 大名品"，番茄等 2 个产品被评为大理州绿色食品"5 大名品"，实现"创造一个名牌，激活一个企业，带动一片产业"的目标，提升了弥渡农产品绿色、生态、安全、健康的整体形象。

第五节　拓展销售市场

大力培育市场主体，建成县、乡、村交易市场 54 个，新建滇西蔬菜批发市场，集现代交易、电子结算、信息服务、产品检验检测、储藏包装、冷链物流为一体，成为滇西片区蔬菜交易集散中心。加强蔬菜市场监管，维护市场正常秩序。强化蔬菜产品生产、供需及价格走势预警分析，引导均衡生产和有序流通。推进农超对接，春沐源、鲁滇、老土罐等企业生产的樱桃番茄、黄瓜、酸腌菜等 14 个品种的产品，已进驻北京、上海、广州、成都等城市的盒马鲜生、天虹、沃尔玛、每日优鲜、华润 Ole 等 60 多家超市。加强农产品市场信息推广，组织蔬菜企业参加昆明农博会、南亚东南亚国家商品展暨投资贸易洽谈会等展会，意向性签约北、上、广、深等地商家 15 家。搭建电子商务平台，建成小河淌水农特网，力推"互联网＋"蔬菜出村。

第六节　延长产业链

用工业理念谋划农业，不断延长产业链，推动蔬菜加工业发展，提高蔬菜附加值，让菜农分享产业链延长后带来的收益。一是发展农产品产地初加工。扶持 24 户新型农业经营主体，建成组装式冷藏库 33 座，冷藏能力达 4360 吨，为农产品生产、加工、销售提供优质高效服务。全县 70% 以上的生鲜产品（以大蒜、冬马铃薯为主），通过新型经营主体产地初加工，组织销往深圳、香港等大中城市和韩国、日本、马来西亚、新加坡、越南等国家。二是发展农产品精深加工。发展农产品加工企业（含个体工商户）612 个，全县 20% 左右的蔬菜主要通过建林、老土罐、兴源等农产品加工龙头企业精深加工，销往北京、上海、浙江、福建等地。2019 年全县菜农来自蔬菜产业的人均可支配收入达 4360 元，蔬菜成为弥渡助推脱贫的重大引擎。

第四篇

易地搬迁扶贫模式

第十四章
云南东川基于新型城镇化的易地搬迁脱贫模式

第一节 目的与意义

2014 年，《国家新型城镇化规划（2014 ~ 2020 年）》出台，该文件系统阐述了新型城镇化的发展目标和发展方向。近年来，在精准扶贫政策背景下，易地扶贫搬迁成了自然条件恶劣的贫困地区最为重要的脱贫措施。2016 年 9 月，国家发展和改革委员会发布了《全国"十三五"易地扶贫搬迁规划》，明确提出到 2020 年全国实现约 1000 万建档立卡贫困人口的搬迁安置和 647 万非建档立卡人口的同步搬迁，通过"挪穷窝""换穷业""拔穷根"，从根上解决居住在"一方水土养不起一方人"地区贫困人口的稳定脱贫发展问题。易地扶贫搬迁存在多种搬迁安置模式，其中城镇集中安置是最为重要的易地扶贫搬迁模式，《全国"十三五"易地扶贫搬迁规划》指出，依托新型城镇化建设，在县城、小城镇或工业园区附近建设安置区集中安置，占集中安置人口的 37%。可以看出，新型城镇化与易地扶贫搬迁二者之间存在紧密的联系，因此，结合地方实践分析二者之间的内在逻辑，将为贫困治理和新型城镇化提供科学依据。

云南省属于西南山区省份，整体自然条件恶劣，贫困面广，贫困程度深。实施易地扶贫搬迁已成为云南省实现贫困人口脱贫、贫困县摘帽的重要途径之一。《云南省易地扶贫搬迁三年行动计划》明确提出，全省将完成易地扶贫搬迁 30 万户 100 万人（其中建档立卡户 20 万户 65 万人），约占全国搬迁总人口的 6.14%，是全国易地扶贫搬迁重点区域。基于此，本章选取我国西南边疆自然条件恶劣、生态环境极其脆弱的云南省东川区为研究区域，通过实地调研其易地扶贫搬迁模式的地方实践，结合其典型的城镇集中安置特征，分析、总结其新型城镇化的内在驱动机理与成功经验，以期为其他类似地区易地扶贫搬迁和新型城镇化的实施提供案例参考和理论依据。

第二节　新型城镇化的内涵与特征

一　新型城镇化的内涵

2013 年 12 月中央城镇化工作会议提出，要以人为本，推进以人为核心的城镇化，提高城镇人口素质和居民生活质量，把促进有能力在城镇稳定就业和生活的常住人口有序实现市民化作为首要任务。学术界也对新型城镇化有着深刻的认识，中国金融 40 人论坛课题组认为，新型城镇化的"新"就是要由过去片面注重追求城市规模扩大、空间扩张，转变为以提升城市的文化、公共服务等内涵为中心，真正使城镇成为具有较高品质的宜居之所。城镇化的核心是农村人口转移到城镇，完成从农民到市民的身份转变，而不仅仅是城镇建设。[①] 目前，政治界和学术界对新型城镇化的认识是基本一致的，即以人为本，推进人口城镇化，通过优化产业结构与空间布局，完善制度体制，提升城市功能及服务水平，不断改善居民生活质量，实现经济、社会和生态协调持续发展。

二　新型城镇化的特征

新型城镇化是一个系统性过程，涉及经济、社会、生态、文化等多个方面，在外部表征上主要体现为"六化"的基本特征（见图 14 - 1）。

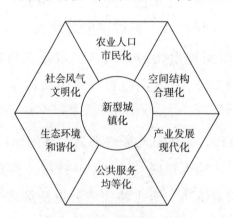

图 14 - 1　新型城镇化的基本特征

（一）农业人口市民化

重点强化户籍制度改革，将稳定就业和稳定住房等条件作为农业转移人口在城镇落户的准入门槛，结合城镇承载能力，有序、有效、合理地推进农业转移人口在城镇落户，提高城区城镇户籍人口密度。

---

① 中国金融 40 人论坛课题组：《土地制度改革与新型城镇化》，《金融研究》2013 年第 5 期。

（二）空间结构合理化

以资源环境承载能力为依托，土地集约节约利用为原则，强化城中村、空心村、废弃工矿等无效、低效土地利用的整治力度，提高土地利用效率，优化城镇空间布局和城镇规模结构，形成功能互补、城乡协调的空间结构体系。

（三）产业发展现代化

充分发挥资源要素禀赋和比较优势，培育特色城市产业体系，加快传统产业提质升级，淘汰落后产业，优化产业结构，突出产业集聚；以绿色发展为引领，积极探索节能、环保型新兴产业；强化城市间产业化分工与协作，形成特色鲜明、优势互补的产业发展格局。

（四）公共服务均等化

以基础设施、公共服务和社会保障制度建设为重点，增强对人口聚集和服务的支撑能力，关注"农转城"新增城镇人口的均等化服务，根据社会经济发展水平逐步提高城镇居民基本公共服务水平，实现学有所教、劳有所得、病有所医、老有所养、住有所居的持续健康发展。

（五）生态环境和谐化

坚持生态文明的城市发展理念，遵循集约节约与循环利用的资源观，严格控制高耗能、高排放的行业发展，重点强化污染防治、食品安全、地质灾害预防和治理等；注重历史文化底蕴，推动地方特色文化发展，引导城市建设向生态宜居、环境友好、文化传承的方向发展。

（六）社会风气文明化

关注城市社会结构变化趋势，创新社会治理体制，坚持法治与德治相结合的综合治理体系，形成政府主导、社会参与、居民自治的良性互动，调节社会关系，解决社会问题。加快社区信息化建设，构建网格化管理、社会化服务的治理新格局，实现人人讲风气，户户讲文明。

第三节　易地扶贫搬迁的实践

中国铜都——东川，既是著名的高山峡谷生态脆弱区和泥石流灾害区，又是全国深度贫困县之一，位于云南省东北部，金沙江流域，境内山高谷深，沟壑纵横，全区山地面积占 97.3%。全区建档立卡贫困人口 104511 人，近 1/3 住在"一方水土养不起一方人"的贫困山区。要实现这些贫困群众如期脱贫，无论是基础设施建设，还是产业发展，成本远远高于易地扶贫搬迁。在深入调研、反复酝酿的基础上，东川区一次性决策实施易地扶贫搬迁 8754 户 32227 人（其中建档立卡贫困户 4950 户 18388 人、非建档立卡同步搬迁户 3804 户 13839 人），迁出点涉及 7 个乡镇（街道）68 个行政村 240 个村民小组，共有 15 个安置点，其中集中安置点 13 个（5 个进城安置点、8 个集镇和中心村安置点），分散安置点 2 个。东川区的易地扶贫搬迁规模大、任务重，搬迁任务占昆明市的 77.6%，是云南省城镇化安置率最高、后续保障最完善的易地扶贫搬迁项目。2019 年 5 月，课题组对东川区典型易地扶贫搬迁项目开展实地调研（包括对易地扶贫搬迁分管领导进行访谈、项目区实地查看和随机抽样入户调查等方式），收集整理得到东川区易地扶贫搬迁相关资料，充分掌握其易地扶贫搬迁详细情况。为了系统阐述东川区易地扶贫搬迁模式实践情况，下面将重点围绕东川区易地扶贫搬迁的参与主体、组织实施及扶贫效果等方面展开分析。

一 参与主体与组织实施

易地扶贫搬迁涉及土地、经济、社会、生态等多个领域，是集精准识别、精准帮扶、精准退出于一体的扶贫开发过程。东川区易地扶贫搬迁按照多主体参与、分工协作的方式，紧紧围绕"对象识别—新区建设—农户搬迁—移民管理—后续发展—社会融入"等工作环节，组织分工、通力合作（见图 14 - 2）。

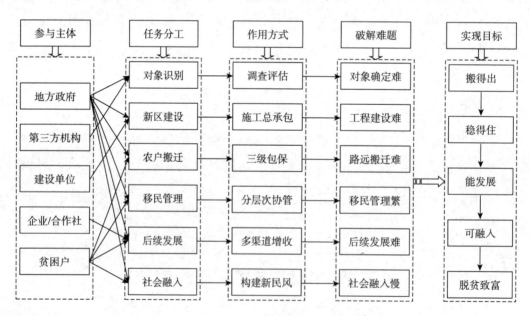

图 14 - 2 东川区易地扶贫搬迁实践框架

（一）对象识别

在当前易地扶贫搬迁相关政策的指导下，聘请专业的第三方机构对迁出点进行实地调查、精准评估，严格落实迁出条件，符合搬迁条件的纳入搬迁对象，着力破解"搬迁对象确定难"的问题。

（二）新区建设

立足实际，创新方式，采用设计施工总承包（EPC）模式，推进两个大型安置点建设。针对安置点场地高差大（超过30m）、抗震设防9+1度等关键性难题，优化设计方案。按照同步征地、同步设计、一并启动实施的方式，实现设计、采购和施工一体化流程，强化各阶段工作的合理衔接，最大限度降低项目成本、缩短建设周期，着力破解"搬迁工程建设难"的问题。

（三）农户搬迁

实行"三级包保"责任制，即乡镇（街道）党政主要领导、包村科级干部包村，村委会干部包村民小组，村组干部、驻村队员、挂钩帮扶责任人包户包人，做细做实群众工作，确保搬迁工作平稳、有序推进。同时以村民小组为单位成立搬家服务队，"一条龙"服务帮助群众处置物资，搬家运输，着力破解"路远搬家难"的问题。

（四）移民管理

做到"三个到位"，落实全方位网格化服务与管理。一是把支部建在楼栋上，做到党的组织覆盖到位。同时专门成立移民新区党工委和移民新区管委会，全面统筹易地扶贫搬迁就医、就学、就业等工作。在原有村级行政体系不变的基础上，设置片区管理员、楼栋长、楼层长，理顺"移民新区党工委 - 社区（小区）联合大党委 - 楼栋党组织 - 楼层党支部"四级组织体系建设，组织党员、发动群众、动员思想、凝聚人心。二是"一站式"服务，做到公共服务保障到位。在安置点组建为民服务中心，为搬迁群众就业、户籍、社保、就医、教育等提供全方位服务。三是帮扶干部"一包到底"，做到党员干部包保到位。全面整合帮扶资源，精准选派包保干部，确保所有搬迁群众都有干部包保对接。积极帮助群众解决困难、疏导情绪，切实增强归属感，提升幸福感。通过上述组织层面、生活层面和精神层面3个方面的管理与服务，彻底解决了"移民管理繁"的难题。

（五）后续发展

实现增收是后续发展保障的关键所在。为实现稳定增收，东川区开辟了多渠道增收途径。一是"保姆式"就业帮扶，确保搬迁群众有工资性收入。建立搬迁群众就业服务站，采取"服务窗口 + 劳务公司 + 企业（合作社） + 易地搬迁农民工"的模式，由劳务公司对易地搬迁人员统一管理和安排就业。加之扶贫车间建设，就业培训与引导，公益性岗位设置等，基本实现"一户有一人就业"的目标。二是产业扶贫全覆盖，确保搬迁群众有经营性收入。按户均3000元的标准发放产业发展补助资金，与新型经营主体建立3年以上的利益联结分成机制。同时，以退耕还林还草为主、发展产业为辅的方式妥善处理搬迁农户的承包土地，并制定出台土地流转优惠政策，鼓励和支持种植养殖业龙头企业、农业合作组织和种植养殖大户对搬迁群众土地实施流转，全区将流转土地1059.66公顷。三是强化经营管理，确保搬迁群众有财产性收入。稳步推进迁出区农村集体产权制度改革，保障搬迁群众的集体资产权益，享受迁出区耕地地力保护、退耕还林还草、草原生态保护等各项国家惠农政策补贴。鼓励组建合作社，统一经营管理安置点商铺、车间、仓库、集贸市场、停车场等营利性物业，让搬迁群众享有一份稳定的资产收益。上述三个方面综合了搬迁群众的劳动力、扶贫政策及所有者权益等因素，通过多渠道实现了搬迁群众稳定增收的目的，积极扭转了"后续发展难"的局面。

（六）社会融入

以教育为抓手，开展"新时代新民风"建设，通过三讲三评、学习培训等活动，推动搬迁群众转变思想观念，激发搬迁群众脱贫内生动力，坚定听党话、感党恩、跟党走的思想自觉，形成自力更生、诚信脱贫的良好氛围。在此基础上，加强社会治理，从原迁出村干部中优选楼栋长，明确楼栋长为社会治安综合治理、"新时代新民风"建设工作的第一责任人，并健全妇联等群团组织，成立业主委员会、文体协会等团体，实现了党的领导、政府管理和社会调节、基层自治的良性互动，形成管理有序、服务完善、治安良好、环境优美、文明祥和的新社区。此外，为提高搬迁群众社区融入积极性，建立激励奖惩机制，以"五星家庭""法治文明小区"创建为载体，开展积分制管理星级化评定工作，实行积分兑换商品制，调动搬迁群众参与积极性，进一步激发搬迁群众对小区的归属感和认同感，快速融入城市社区生活，形成"对党感恩、人人诚信、户户争星、邻里和谐、民主法治"的良好氛围。

二　效果显现

易地扶贫搬迁以贫困人口脱贫为基本目标，所产生的效益惠及经济、社会、生态等多个方面。通过对典型项目区进行实地调研（包括对易地扶贫搬迁分管领导进行访谈、项目区实地查看和随机抽样入户调查等方式）了解到，易地扶贫搬迁给东川区贫困治理、生态环境改善等均带来显著的积极影响。以东川区易地扶贫搬迁对门山、起嘎安置点项目为例，该项目共搬迁、安置6191户19962人（其中建档立卡贫困户3287户11756人），涉及5个乡镇（包括铜都街道、汤丹镇、因民镇、红土地镇和舍块乡）47个行政村155个村民小组，主要因滑坡、泥石流等地质灾害频发而搬迁，安置区为铜都街道祥和社区对门山和起嘎社区（主城区）。搬迁前绝大多数农户靠少量的土地进行传统的种植养殖及打散工维持生计，收入水平低。随机抽样入户调查结果显示，30户搬迁户人均收入平均仅2426元。搬迁户原住房条件极差，以土坯（土木）房为主，且存在较大的安全隐患。迁出区交通等基础设施严重滞后，农户远离学校、卫生室，上学就医极为不便。搬迁后，6191 户搬迁户均新建了人均 20 平方米的砖混结构安全住房，整体水、电、路等基础设施条件明显改善，并增设了社区卫生服务中心、农贸市场、居家养老服务中心、公共卫生设施、文体活动场所、幼儿园、绿化设施等，公共服务水平显著提升。通过统一安排就业、扶贫车间建设、就业培训与引导、公益性岗位设置、产业扶持、退耕还林还草、迁出区农村集体产权制度改革及合作社统一经营等多渠道实现农户增收。随机抽样入户调查数据显示，30 户农户搬迁后平均增收 50% 以上，均达到了贫困退出标准。从整体上看，搬迁项目取得了明显的社会效益、经济效益和生态效益（见表 14 - 1）。

表 14 - 1　东川区典型项目易地扶贫搬迁效益分析

效果实现	度量指标	东川区易地扶贫搬迁对门山、起嘎安置点项目
社会效益	贫困人口减少	以舍块乡为例，搬迁建档立卡户 1126 户 4094 人，脱贫 1097 户 4006 人
	居住安全性提升	由土坯/土木危房改为砖混结构安全住房
	劳动就业水平提高	劳动技能提升，劳务输出人口扩大，实现产业专业化的农户增加
	公共基础设施条件改善	水、电、路等基础设施条件改善，医疗卫生、教育文化等服务水平提高
	内生发展动力增强	物质、精神文化水平提升，脱贫积极性提高，内生发展动力增强
经济效益	人均纯收入增加	搬迁户人均增收近 50% 以上
	建设用地指标盈余	项目总占地 15.27 公顷，而仅舍块乡宅基地复垦（或退耕）达 90 公顷左右
	产业发展水平提高	由传统农业向现代高效农业转换，专业化程度提升，产出水平提高
生态效益	新区环境美化	建设公共卫生设施、绿化设施等
	自然灾害减少	远离地质灾害易发区，安置区地形坡度更加平缓
	迁出区植被恢复	陡坡耕地退耕、废旧宅基地复垦等生态修复

第四节　易地扶贫搬迁驱动新型城镇化的内在逻辑

东川区易地扶贫搬迁整体上属于典型的城镇集中安置模式，城镇化安置率达 95.67%，既从根本上解决了"一方水土养不起一方人"的贫困治理问题，又促进了农业人口市民化、空间结构合理化、产业发展现代化、公共服务均等化、生态环境和谐化、社会风气文明化，加快了城乡发展一体化的实现。既解决了农村发展不充分的问题，也有效缓解了城乡发展不平衡持续加剧的问题，体现了新型城镇化的发展目标（见图 14 - 3）。

第一，带来人口的转移。大量的农村劳动力从传统农业中脱离出来进入城镇生产、生活。虽然东川区创新农村土地制度改革，即无论搬迁农户是否实现了户籍层面的农转城，依然享有农村土地的承包权、山林权，但由于迁出区整体土地贫瘠，耕地数量少，且自然灾害频发，加上迁出后路途遥远，原有土地只能以实施生态退耕为主、土地流转等为辅。绝大多数搬迁户已从根本上改变了原有的生产方式（生产关系），即实现了从农业向非农业（工业、服务业等）的转变。同时，通过户籍制度改革，按照搬迁户自愿农转城的原则，降低了搬迁人口户籍准入门槛，从户籍上实现了农民市民化。

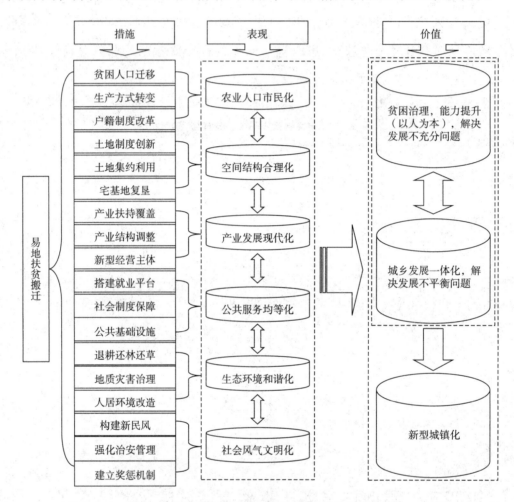

图 14 – 3　易地扶贫搬迁驱动新型城镇化的逻辑框架

第二是居住空间的置换。原有住房被拆除，宅基地或是复垦，或是造林，并通过建新区的方式安置搬迁移民，相比农村住房建设，城镇集中安置建房使土地利用更加集约化，且水、电、路等基础设施，学校、医院、农贸市场、文化休闲场所、公共卫生设施等服务设施配套完善，功能更加齐全，生存空间结构得到优化，同时公共服务均等化基本实现。

第三是产业结构转型升级和就业能力提升。在产业发展方面，以产业扶贫的方式，发放产业扶贫资金，助推产业提质升级，并与新型经营主体建立长期利益联结分成机制，促进传统农业向现代化农业方向发展；同时鼓励经营管理安置点商铺、车间、仓库、集贸市场、停车场等营利性物业,积极发展以服务业为主的劳动密集型第三产业,逐步调整产业结构。在就业方面,创新构建劳务输出新模式——"服务窗口+劳务公司+企业(合作社)+易地搬迁农民工",为搬迁群众搭建就业平台,结合就业培训等,由劳务公司对易地搬迁人员统一管理和安排就业,并建立扶贫车间、公益性岗位等,辅助劳动力较弱的家庭实现基本稳定就业。通过上述措施,既实现了搬迁农户稳定增收,也初步形成产业现代化发展格局。

第四是生态环境治理。长期以来的铜矿开采,造成东川植被条件较差,2015年全区森林覆盖率仅33%,坍塌、滑坡、泥石流等地质灾害频发。易地扶贫搬迁强调对迁出区宅基地的复垦(或造林)、陡坡耕地退耕还林还草及地质灾害区的综合治理等生态修复,全区涉及易地搬迁土地共3771.53公顷,已退耕还林2425.8公顷,其余部分将逐步开展综合治理,这无疑将大幅度改善迁出区生态环境。对于搬迁户而言,远离原有的脏、乱、差的山区农村环境,到城镇社区生活,生产 – 生活 – 生态(三生)空间获得重构,人居环境得到了极大改善。因此,无论从区域层面,还是农户视域,均促进了生态环境和谐化。

第五是社会风气的塑造。通过三讲三评、学习培训等活动,开展"新时代新民风"建设,推动搬迁群众转变思想观念;并选派楼栋长开展社会治安综合治理,健全妇联,成立业主委员会、文体协会等团体,实现党的领导、政府管理和社会调节、基层自治的良性互动,形成了文明祥和的社区风气。此外,以"五星家庭""法治文明小区"创建为载体,建立激励奖惩机制,开展积分制管理星级化评定工作,实行积分兑换商品制,调动搬迁群众参与积极性,进一步激发搬迁群众对小区的归属感和认同感,快速融入城市社区生活,塑造了良好的社会文明新风气。

第五节　易地扶贫搬迁的成功经验

东川区易地扶贫搬迁是在新时代精准扶贫政策驱动下,地方政府审时度势,因地制宜,为从根本上解决"一方水土养不起一方人"地区贫困人口长效稳定脱贫所采取的时代壮举。这一模式与新型城镇化紧密相连,对地区新型城镇化产生了开创性的驱动作用,其成功经验值得许多地区学习与借鉴。现将其成功经验总结如下。

一　因地制宜,科学决策

当前实施的易地扶贫搬迁,是改革开放以来,东川区规模最大、涉及人口最多、投入资金最多的贫困治理工程。其搬迁任务占昆明市的77.6%,是云南省城镇化安置率最高、后续保障最完善的易地扶贫搬迁项目。这体现了新时代精准扶贫政策背景下，地方党委、政府对党中央贫困治理政策体系的清醒认识，与党中央治国理政方针政策保持高度一致，充分体现了社会主义制度的优越性。地方党委、政府经过深入调研，反复论证主要致贫因素、贫困状况及有效减贫措施，因地制宜，科学决策，始终坚持以人为本的核心价值观，彻底拔掉了当地农村贫困群众的穷根、穷业，真正做到了真扶贫、扶真贫，实现了不让一个贫困人口掉队的目标。

二　多主体协同，合力攻坚

东川区易地扶贫搬迁得益于多主体参与和协作，以政府部门为主导，社会力量积极参与，老百姓全力配合，通力协作，合力攻坚。各参与方明确职责，细化分工，确保项目前期工作、资金保障、新区建设、农户搬迁、后续保障、移民管理和社会融入等各项工作快速、有序推进，有效保障了扶贫搬迁工程的顺利实施，体现了"团结互助、合作共赢"的团体协作精神，塑造了典型的贫困治理的中国力量。

三　创新发展理念，立足长远发展

充分结合新型城镇化是东川区易地扶贫搬迁的最大亮点，也是值得很多地区学习与借鉴的典型经验。按照新型城镇化的发展思路，创新发展理念，立足长远发展，结束了当地贫困群众长期以来的传统生产、生活方式，彻底解除了恶劣自然环境对当地群众的束缚，既是对过去一个时代的总结，也是对新时代的开启，必将为长远发展奠定良好的基础。

四　创新思维方式，助力扶贫成效

思路决定出路，创新思维方式是东川区易地扶贫搬迁成功的关键。在充分衔接新型城镇化的基础上，引入第三方机构实现对搬迁对象的精准识别，面对工程建设难问题，采用 EPC 工程施工总承包方式，按照征地、设计、施工"三同步"原则，攻克工程建设难关；实施"三级包保"责任制，"一条龙"服务等措施解决"路远搬家难"问题；创新产业、就业扶贫模式，保障搬迁群众后续发展；选派楼栋长，构建"五星家庭""法制文明小区"等载体，提高搬迁群众社会融入积极性，形成社区文明新风气。这一系列的创新举措，无不彰显了在贫困治理中的中国智慧，为中国其他贫困地区，乃至世界减贫提供了中国方案。

第六节　易地扶贫搬迁模式的结论与启示

本章以云南省昆明市东川区易地扶贫搬迁为研究案例，通过实地调研和理论总结，分析了东川区易地扶贫搬迁实践框架，并深入剖析了东川易地扶贫搬迁模式与新型城镇化的内在理论逻辑及其成功经验，得到以下结论和启示。

易地扶贫搬迁是实现"一方水土养不起一方人"地区长效稳定脱贫的重大举措，将易地扶贫搬迁与新型城镇化有效衔接，将对地区贫困治理及长远发展产生积极作用。易地扶贫搬迁加速推进了贫困地区生产－生活－生态（三生）空间的重构，贫困群众的能力素质和思维方式得到全面改观与快速提升，极大程度地激发了群众内生动力，提高了减贫成效。

新型城镇化讲求以人为本，以实现人口城镇化为核心，大力推进了农业人口市民化、空间结构合理化、产业发展现代化、公共服务均等化、生态环境和谐化、社会风气文明化。在新型城镇化引领下实施易地扶贫搬迁可以有效缓减农村发展不充分、城乡发展不平衡的社会矛盾，也为城乡融合与乡村振兴打下坚实的基础，开启了区域协调、可持续发展的新篇章。

东川区易地扶贫搬迁模式成功的关键是，在认真贯彻落实党中央贫困治理方针政策的基础上，因地制宜，科学决策；多主体协同，合力攻坚；创新发展理念，立足长远发展；创新思维方式，助力扶贫成效，充分彰显了贫困治理道路上的中国智慧。

第十五章
广西忻城县易地搬迁扶贫模式

忻城县地处广西中部，是新时期国家扶贫开发重点县。全县共辖 12 个乡（镇）132 个行政村（社区）2757 个村民小组，总人口 43.18 万，其中农村人口 37.21 万，耕地面积共 2.92 万公顷，人均耕地面积约 0.078 公顷。忻城地处大石山区，自然地理条件差，是名副其实的"九山半水半分田"。城关、思练、北更、遂意 4 个乡镇的大部分村屯自然条件尤为恶劣，贫困发生率较高，一方水土难养一方人，扶贫成本极高。尤其是遂意乡增仰村，因为地处大石山区的核心地带，石漠化让这里一度成为贫困的代名词，交通闭塞，"九分石头一分地"，"人在石山缝里找食吃"，连饮水都困难，甚至曾被联合国官员称为"不适合人类生存的地方"。面对现实，县委、县政府审时度势，科学决策，把易地扶贫搬迁作为"头号工程"来抓，通过易地搬迁让这部分群众摆脱恶劣条件的束缚。经过两年多驰而不息的努力，易地扶贫搬迁取得显著成效：2019 年 5 月底已成功搬迁 5019 户 19945 人（其中建档立卡贫困户 4953 户 19695 人），是来宾市搬迁人数最多、规模最大的县。忻城县易地搬迁工作经验先后 6 次得到自治区级、国家级媒体宣传报道，并被评为 2018 年"全国民生示范工程"。

第一节 一包到底压责任

一 落实到人，包干到户

动员工作是搬迁的前提。针对部分群众不愿搬迁的大难题，忻城县建立了乡镇、挂点单位、帮扶干部三级责任体系，将动员搬迁责任落实到乡镇、挂点单位和每位帮扶联系人，层层分解责任，分片包干入户开展宣传动员工作。同时还通过组织搬迁户代表参观各搬迁安置点，让群众实地走、实地看，了解安置点的区位优势、配套设施和生活环境，让他们放心、开心，坚定了搬迁安置的信心。针对遂意乡增仰村自然条件极端恶劣，贫困发生率达 77.1% 的情况，忻城县对整个行政村共 76 户 204 人进行多次深入动员，实施整村搬迁，斩断了深度贫困地区"贫困之根"。

二　落实"十包"，推进项目建设

根据全区的搬迁工作规划，忻城县"十三五"期间易地扶贫搬迁任务是 19945 人，建成 10 个安置点。这是忻城县历史上最大的一项民生工程。为此，县委、县政府出台"十包责任制"（即包建设进度、包工程质量、包资金监管、包搬迁入住、包后续产业发展、包就业创业、包稳定脱贫、包考核验收、包旧房拆除、包社会保障），由县委、县政府主要领导负总责、亲自抓，每个易地扶贫搬迁安置点落实一名县领导包点负责，组成专门的工作班子进驻工地，实行挂图作战倒排工期，稳步推进各项工作。通过"包点，压责任"，助推易地扶贫搬迁任务顺利完成，10 个易地扶贫搬迁安置项目于 2019 年 5 月已全部完工，搬迁人口已全部入住。各小区的道路、水电、排水、绿化等已按时完成。

第二节　政策鼓励促入住

为鼓励群众尽快入住，提高入住率，忻城县及时研究出台相关激励措施。

一　出台入住奖励政策

忻城县出台政策：在规定时间内搬迁入住的群众，给予 3000 元奖励。以此鼓励搬迁群众及时入住，成效显著。

二　发放过渡生活补贴

忻城县按政策要求，凡搬迁入住的群众每户发放 3000 元的过渡生活费，以解决临时生活问题，解除了搬迁群众的后顾之忧。

三　帮扶单位扶持

忻城县组织帮扶单位、帮扶联系人入户动员群众搬迁入住，并按自愿原则为搬迁户协调解决困难，帮助搬家，购买生活用品、赠送家具等，做到"三到位"（基本家具摆放到位、日常生活用品到位、基本起居用品到位）。

这些政策鼓励，切实激发了搬迁群众装修入住的积极性，提高了入住率。

第三节　完善管理强服务

为做好后续服务工作，让搬迁户住得下、生活得好，忻城县把易地搬迁点的管理服务作为一项重要的工作来落实。

一 成立"三会"组织，方便群众办事

在各安置点成立党支部，由党支部对安置点进行管理并提供服务。目前，全县易地搬迁安置点已成立1个党总支部、10个党支部，设立2个社区组织（城关镇城南社区、思练镇鸿源社区），同步配齐村民理事会和监督委员会，让搬迁群众办事有人理、困难有人解决。

二 引进物业公司，规范管理

为规范管理，2019年上半年，忻城县引进天恒物业公司对移民搬迁点光明小区、增仰小区、万景小区、薰衣草小区和思练鸿源小区统一进行管理和提供服务，提升搬迁小区管理、服务水平。

三 完善配套设施，提供便捷服务

完善爱心超市、卫生室、老年活动中心、学校、文化广场、农贸市场等配套设施建设，为搬迁群众营造舒适的生活环境，提供便捷的服务。截至2019年12月底，已落实搬迁点基层组织活动场所5个，共2526.78平方米，城关镇城南社区服务综合楼已于2019年3月12日正式投入使用。同时完成民族小学建设，并于2019年9月开学招生，解决572户搬迁户的子女入学问题。目前各安置点管理井然有序，群众生活安稳。

第四节　突出就业抓扶持

一 鼓励外出务工，增加收入

对有劳动能力的搬迁户，忻城县创造条件，鼓励他们外出务工，增加收入。2018年以来，忻城县在县城、各乡镇、搬迁小区等场所共举办了16期招聘会，重点解决移民搬迁劳动力就业问题。

二 提供公益性岗位，解决"零就业"

2018年以来，忻城县共为搬迁群众提供600个公益岗位，解决了165户零就业搬迁户的就业问题。同时，为拓宽搬迁群众就业渠道，忻城县还整合企业岗位需求，在城南万景小区举办易地扶贫搬迁零就业家庭就业推介会，鼓励搬迁贫困户自主创业。目前所有搬迁户就业已基本实现全覆盖。

三　成立扶贫车间，接纳劳动力

通过引导企业在搬迁点或搬迁点附近创办扶贫车间，接纳有劳动能力的贫困户务工，解决就业问题。在抗击疫情期间，忻城县还在异地安置区附近招商引资投资建设了体温枪、口罩等医疗物资生产线。截至 2019 年 12 月底，各集中安置点共引进企业 6 家，吸纳搬迁群众 238 人在车间就业。

四　打造"微菜园"，增强归属感

在中心乡镇及县城搬迁安置点集中承租土地作为搬迁户菜园，财政补贴三年租金免费提供给搬迁户种植。截至 2019 年 12 月底，全县"微菜园"共征地 14.36 公顷，3630户分到了菜地。通过"微菜园"的劳动让搬迁群众有了归属感，找回了对乡土的寄托，更增进了邻里之间的感情。

昔日土坯房，如今小洋楼。在各级领导的关心和帮扶下，忻城县易地搬迁工程让老百姓的生活发生了翻天覆地的变化，告别了"穷窝窝"，过上了幸福、惬意的新生活。

第十六章
云南马关县南山园区易地搬迁扶贫模式

马关县地处滇桂黔石漠化片区，部分村庄生态脆弱、土地贫瘠，"一方水土养不起一方人"，易地扶贫搬迁成为这些地区贫困群众摆脱贫困的必由之路。为贯彻落实习近平总书记 2017 年 12 月 28 日在中央农村工作会议上提出的"要有序推进易地搬迁扶贫，让搬迁群众搬得出、留得下、能致富，真正融入新的生活环境"的要求以及国家对易地扶贫搬迁的相关要求，马关县牢牢把握"搬迁是手段，脱贫是目的"的根本要求，因地制宜、不断探索，将 26 个原选址分散的易地搬迁点调整、聚合到距县城 5 公里的南山高原特色现代农业产业化园区，设立了南山幸福社区。用"搬迁跟着产业走"，积极探索实践"以产定搬、以业定迁、抱团取暖、配套服务、党建引领"易地搬迁工作新模式，走出了一条入园区、带就业、催产业、促致富的新路子。

第一节　主要做法

一　以产定搬，园区变社区

产业在哪里，搬迁到哪里。结合南山高原特色现代农业产业化园区距县城 5 公里，毗邻在建文马高速公路及规划建设的 G219 线的地理、交通优势，马关县依托园区集新型轻工、农特产品加工区、现代物流区为一体的产业承载能力优势，将 26 个原选址分散的易地搬迁点调整、聚合到园区，通过加大搬迁规划与土地利用规划、城镇发展规划、产业发展规划、脱贫攻坚规划"五规合一"统筹力度，将易地搬迁与园区同规划、同建设、同发展，着力打造"山上园区、山下社区"的空间战略格局。

南山幸福社区规划用地 13.4 公顷，计划总投资 4.85 亿元，总建筑面积 17.7 万平方米。搬迁群众涉及全县 9 个乡镇 148 个村小组 1534 户 5948 人，其中建档立卡贫困户 794 户 3108 人，随迁户 701 户 2618 人。

二　以业定迁，房间变车间

产业是基础，就业是关键。马关县充分依托园区不同区块生产加工效能优势，积极引导园区企业将"轻、简"加工车间设置到搬迁点，形成生产生活一体化、房间车间同步化的便捷就业局面，为不便外出就业的留守妇女、老人等提供了就业机会，也解决了园区企业用工难的问题。2019年底，天用食品、鑫浩粮贸、贵祥农业等企业已进驻园区，园区运营逐步进入正轨。同时，通过精选岗位、推荐就业方式落实搬迁入住和后续稳定发展事宜。2019年，从幸福社区周边方圆10公里内的100余家企业筛选空缺岗位493个，其中残障、弱势群体专项岗位24个。通过召开招聘会、培训会，发放宣传资料等形式，结合搬迁群众劳动力和技能情况引导、推荐劳动力转移就业，已组织引导2620名搬迁群众外出务工，其中县外务工1360人、县内务工1260人，2019年实现收入5000万余元。

三　抱团取暖，农民变会员

在健全、完善农业产业发展扶持奖励政策措施，激发群众参与农业产业发展内生动力的基础上，积极选取"短平快"和可持续发展的优势农业产业在幸福社区周边进行规划建设，通过优势农业产业引领带动作用，让搬迁群众主动参与，积极参与。采取"协会＋基地＋搬迁农户"发展模式、定向种植培训方式及订单式收购形式，联合搬迁群众抱团发展，让搬迁群众农民变会员，单干变联合，业余变职业。同时，积极配套完善农产品加工、运输、销售等延伸产业，形成青壮年种植、老妇幼加工的产业链，实现户户有产业、人人有就业，确保搬迁一户，脱贫一户。现阶段已在安置点附近集中流转土地20余公顷，按"企业＋基地＋订单"模式，组团发展订单农业，目前已有102户群众发展巴西菇等产业。下一步将继续在南山园区安置点附近流转土地33.33公顷，引进农业龙头，全面带动产业发展，计划引导500户搬迁群众种植经济作物。

四　配套服务，忧愁变乡愁

留住乡愁，服务保障是前提。围绕解决搬迁群众"后顾之忧"这一目标，马关县加快幸福社区水、电、通信、卫生等基础设施的建设，完善幼儿园、医务室、文化书屋、文化广场、超市等公共服务项目配套设施，强化搬迁群众的户口、入学、就医、农业补贴、养老保险、低保等社会政策衔接工作，实实在在地让搬迁群众共享县城优质教育、医疗、卫生等公共资源。同时，在搬迁安置点实行社区化管理，成立社区服务中心，形成一站式办理，一体化服务，让群众不出社区就能办理日常事务。积极组建社会化物业管理公司，为搬迁社区配备保洁员、物业管理员，让搬迁社区干净卫生、温馨宜居。"不管来自哪里，你我亲如一家。"通过各项服务配套保障，让搬迁群众更快地融入新生活，让搬迁群众搬出故地有"安全感"，留住乡愁更有"归属感"，挪出穷窝、脱贫致富更有"幸福感"。

五 党建引领，党员变服务员

马关县坚持党建引领易地扶贫搬迁工作，及时成立了"南山幸福社区党总支"，组织党员户带头搬迁，带头拆除旧房，引导党员变成社区服务员，在宣传政策、动员群众、治理社区、带头致富等方面充分发挥党组织战斗堡垒作用和党员先锋模范作用。同时，实行"党总支带党支部、党支部带党员、党员带群众"机制，制定完善党员服务群众、党员管理、主题党日活动、党员"积分＋"等制度，定期开展"三会一课"，确保党员服务群众全覆盖。

第二节　经验启示

一 科学统筹，合力规划

按照"搬迁跟着产业走"的原则，科学统筹易地扶贫搬迁选址工作，积极引导群众向安全有保障、就业有门路、增收可持续的优势地方搬迁、聚集，坚持以科学规划指引搬迁、引领脱贫。

二 完善设施，强化服务

马关县在建设幸福社区的同时，配套完善了一站式服务、卫生室、警务室、便民超市、党员书屋等服务设施，并开通了公交车运营专线，保障搬迁群众就医、购物、出行，让群众更快地融入新生活。

三 就近就业，增收致富

积极抓好就业培训，引导搬迁群众外出务工增加收入，鼓励搬迁群众就地流转土地发展产业，并组织引资建设扶贫车间，带动搬迁群众就近就业，持续稳定增加收入。

四 党员带头，示范引领

帮钱帮物，不如帮助建个好支部。易地搬迁搬到哪里，党组织就建到哪里。幸福社区成立了党总支，并组织党员户带头搬迁，带头拆除旧房，带头发展产业致富，党组织战斗堡垒作用和党员先锋模范作用得到有效发挥。

第五篇
教育、健康、生态、就业及危房改造模式

第十七章
云南禄劝县"六个一"精准打造
"穷县富教育"模式

第一节 目的与意义

稳定实现农村贫困人口不愁吃、不愁穿及义务教育、基本医疗和住房安全三者有保障（简称"两不愁三保障"）是我国打赢脱贫攻坚战的总体目标。由此，"两不愁三保障"成为当今我国建档立卡贫困户精准脱贫的基本标准，其中，义务教育有保障是精准脱贫的硬性要求之一，属于"一票否决"的指标。因此，教育扶贫已成为贫困地区精准脱贫的重要路径之一。教育精准扶贫由于兼具"扶教育之贫"和"依靠教育扶贫"的双重属性，对于提高贫困地区教育水平与质量、阻碍贫困的代际传递、打赢脱贫攻坚战具有重要意义。教育精准扶贫就是要消解传统机制难以确保针对性的弊端，根据贫困地区的不同教育需要，制定积极而有效的教育帮扶政策，促进贫困地区教育事业发展。位于我国西部金沙江高山峡谷区的禄劝彝族苗族自治县，既是一个集山区、农业、贫困为一体的少数民族自治县，也是省级革命老区县，同时也是我国乌蒙山集中连片特困地区重点县和国家扶贫开发工作重点县之一。2016 年禄劝县人均 GDP 只有 19870 元，在云南省 129 个县（市、区）中居第 91 位；农村常住居民人均可支配收入仅为 7301 元，在云南省 129 个县（市、区）中居第 114 位，其贫困程度可见一斑。一个家庭里只要有一个孩子考上大学，毕业后就可能带动一个家庭脱贫，进而可能带动一个村寨进行思想脱贫，贫困地区和贫困家庭只要有了文化和知识，发展就有希望，因此，教育扶贫非常重要。

近几年来，禄劝县坚持"再穷也不能穷教育，再苦也不能苦孩子"的理念，通过全力打造"六个一"教育扶贫特色亮点工程，努力实现"六个解决"，让每个孩子都能享受到优质公平的教育，确保"进得来、留得住、学得好"，展现了新时代彝山苗岭的新气象。本章分析和提炼了该县"六个一"精准打造"穷县富教育"模式的具体做法及成效、特色与亮点、取得的经验以及启示与借鉴，为云南省乃至类似省份贫困县开展农村教育扶贫提供必要的参考和借鉴。

第二节 "穷县富教育"模式的做法及成效

禄劝县近年来紧紧围绕党中央的脱贫攻坚政策，积极推进民族地区教育精准扶贫，不断突破民族地区教育发展中的瓶颈，推动民族地区公共教育服务发展和政府服务创新，不断激发社会力量参与的活力，实现教育规模、结构、质量和效益优化，以适应民族地区少数民族的发展需要和当地社会经济发展需要。

一 帮扶"一条龙"，资助全覆盖，解决上不起学的问题

精准资助是教育扶贫的兜底工程。禄劝县在贯彻落实中共中央、云南省、昆明市的"两免一补""营养改善计划""雨露计划""国家助学金"等阳光政策的基础上，制定了《禄劝彝族苗族自治县实施农村家庭学生高中阶段免费教育工作方案》，出台了《禄劝彝族苗族自治县教育扶贫方案》。从 2017 年起，每年投入教育扶贫基金救助基金 3200 万元，实行县域内农村家庭学生高中阶段和职业中学免费教育，截至 2018 年已惠及贫困户学生 8727 人 22905 人次。具体是：普通高中学生免教科书费 500 元/（生·年），免学费 800 元/（生·年），免住宿费 160 元/（生·年），补助生活费 2500 元/（生·年）；职业中学学生免教科书费 500 元/（生·年），免住宿费 400 元/（生·年），补助生活费 3000 元/（生·年）；投入资金 310.9 万元，资助学前、中专、大学阶段困难学生 1116 名。在全县建档立卡贫困户及非建档立卡贫困户中逐户摸底、精准识别，对特别贫困家庭学前教育学生每生每年资助 1000 元；对县外就读中等职业学校贫困学生每生每年资助 2000 元，其中建档立卡贫困户子女每生每年资助 3000 元。对县外就读的家庭经济特别贫困的大学生（含专科、本科）每生每年资助 3000 元。全县学生基本实现从学前到大学"应免尽免，应补尽补，应助尽助"。

同时，积极争取社会资助。近 3 年来，各爱心企业、爱心人士频频到县内学校开展捐资助学活动。其中，2018 年 8 月禄劝县在北京朝阳区来广营乡和昆明春雨爱心社的资助下，对成绩优异或家庭困难的优秀学子共发放励志助学金 160 万元，220 余名成绩优异或家庭贫困的学生获得了爱心助学金。

此外，禄劝职业高级中学逐年引进帮扶企业，2018 年共引进 12 家省内外企业，并安排 357 名学生到各企业顶岗实习，实习期间实行同工同酬待遇，年薪均不低于 4 万元，使职业教育真正实现"招来一人、授予一技，就业一人、脱贫一户"，增加了贫困家庭学生的就业机会。

二　呵护"一群人"，全方位帮扶，解决有人掉队的问题

（一）实施双线控辍，织牢学生入学网底

严格执行中共中央、云南省、昆明市的控辍保学政策，制定《禄劝彝族苗族自治县义务教育阶段控辍保学工作方案》，建立"县长、乡镇长、村主任、组长、家长"政府一条线和"教育局局长、校长、年级组长（完小校长）、班主任、教师"教育一条线的"双线十人"责任制，明确并压实各级政府、相关部门、学校的工作职责。同时，实施"动态归零督查制"，精准摸底排查义务教育阶段辍学学生；建立建档立卡贫困户在校学生档案，实施从幼儿园到大学一人一档精准管理，织牢学生入学网底，严控辍学指标。2018年，适龄儿童小学入学率达99.89%；初中毛入学率达119.80%，巩固率达99.9%。全县16011名建档立卡贫困户学生无一人因贫辍学，全县41764名义务教育阶段学生无一人辍学，真正践行了"一个都不能少"的教育承诺，破解了数十年来义务教育发展之困。

（二）开展全员家访，"一生一案"劝返

为使教育扶贫政策家喻户晓、深入人心，提升群众对教育扶贫的认知度、满意度，让家庭经济困难学生充分感受到党和政府的关怀，让贫困家庭父母送子女上学无后顾之忧，禄劝县教育局在全县范围内开展了全员家访宣传行动。活动开展以来，每年印制5000册脱贫摘帽全员家访记录本，组织全县4949名教师开展全员家访，深入每一个家庭，发放《致家长的一封信》，一对一向学生和家长宣传、解读国家扶贫政策和控辍保学法律法规，共发放就学明白卡和资助明白卡31万份，最大限度地动员贫困学生到校就读。同时，制定了详细的辍学学生劝返复学制度，要求各学校在摸清辍学学生底数的前提下，对基本确定辍学和有辍学隐患的学生情况进行分析，及时沟通引导。对未到学校3天以上的学生，要根据学生自身及各自的家庭情况，因户因人施策，制定行之有效的"一生一案"劝返计划，并协同村委会和村组干部等深入辍学学生家庭晓之以理、动之以情，逐生劝返。特别是对厌学或学习困难不想上学的学生，积极开展心理激励和学业帮扶，帮助其树立信心，返校就读。

（三）启动送教上门，保障残障儿童就学

针对部分残障儿童无法随班就读情况，制定了《禄劝彝族苗族自治县特殊适龄儿童送教上门工作方案》，由教育、残联、卫计、民政4个部门联动，按计划轮流对6～15周岁因身体原因不能随班就读的残障儿童开展"送教上门"工作。辖区内共有残障儿童406名，其中，随班就读的义务教育阶段6～15周岁残障儿童有221人。为保障残障儿童受教育的权利，县里专门选派责任心强、有爱心和耐心、业务水平较高且具有丰富实

践验的教师，轮流对119名残障儿童开展送教上门工作。送教上门工作遵循家庭自愿、定期入户、一人一案、免费教育的原则，严格要求教师认真分析服务对象的身体状况、心理发展、接受能力等因素，因人而异制定适合残障儿童自身发展的送教内容。送教内容主要包括知识教育、语言能力、认知能力、身体康复、心理康复、潜能开发、运动协调能力、生活自理能力、社会适应能力及社会救助等学习训练。每次送教上门要求有教案、有辅导、有与学生互动过程等，同时保留与家长交流或进行培训的相关图片资料，并按要求及时填写"送教上门工作记录表"每个服务对象每周送教上门1次，每次3课时，每学年不少于120课时，有效确保了不能随班就读的残障儿童在家中也能接受义务教育。

三　办好"一桌餐"，伙食大改善，解决营养不好的问题

禄劝县从2012年3月1日起全面启动实施农村义务教育学生营养改善计划。近3年加大投资力度，共投资4480.8万元，改造165所中小学食堂，改造面积达27275平方米。并通过公开招标，统供国标二级粳米和非转基因压榨菜籽油，严把食品安全关。以营养早餐、营养午餐、午间营养加菜3种形式，科学合理安排供餐，保证国家营养改善计划政策落到实处。截至2018年，全县218所义务教育阶段学校41189名学生享受了营养改善计划补助，实现学生营养改善计划补助全覆盖。"小餐桌"办好以后，学生体质明显改善，中考体育成绩逐年提升，学生及家长的满意度均大幅提高。2016年8月30日，禄劝秀屏中学初一学生刘红英受邀前往北京参加教育部营养改善计划新闻发布会，分享营养改善计划政策实施带来的益处。

四　稳定"一支队伍"，着力留住人，解决师资不均衡的问题

以健全绩效工资制度、提高乡村教师待遇等为抓手，积极推进中小学教育干部、教师轮岗交流工作，助推全县教育师资均衡互补发展，确保乡村教师下得去、留得住、教得好。每年提取县城义务教育学校奖励性绩效工资总量的1%，向农村学校倾斜分配。从2015年起，按人均1200元的标准将教师年度绩效奖励纳入县财政统筹安排，并逐年提高。根据路程远近、条件艰苦程度，将全县学校（除县城外）分为4个类区29个档次，每位教师每月发放500元乡镇岗位津贴、500～1950元乡村教师生活补助和800元的自治县津贴。近3年来，共交流教育干部91名、教师823名，从县城优质学校选派8名优秀中层干部到乡镇薄弱学校担任校长，从乡镇学校选拔180名一线教师到县城学校顶岗学习，从县城优质学校选派100名骨干教师到农村学校支教。县城优质学校与农村薄弱学校结对帮扶15对，开展各项交流活动54次，参与教师2705人次。实施名师带动

工程，组建潘加海高中物理名师工作室、董加维高中英语名师工作室、杨天海初中数学名师工作室3个名师工作室。

五　结好"一批对子"，着力补短板，解决能力不足的问题

纵观我国教育扶贫实践，在政策制定层面侧重聚焦基础教育领域的减贫和脱贫；在学术研究层面则倾向于对时间跨度短、见效快的职前教育的扶贫功能进行理论研究和实证分析。精准落实教育扶贫，理应根据各类各级教育效果合理投放资源。禄劝加快教育现代化步伐，创新施策，逐年通过招聘特岗教师、普岗教师，选调外地优秀教师等方式不断加强教师队伍建设。2015～2018年共补充义务教育阶段教师450人；立足长远，提前谋划人才补充机制，定向培养免费师范生128人；投入6137万元，实施教育信息化计算机配备、多媒体"班班通"、教育城域网"校校通"、录播室系统、视频会议教学教研系统、"平安校园"视频监控系统、阅卷系统等七项工程；投资240万元引进成都七中先进教学资源，采用"双师教学"，创新开展"互联网＋教研"的新教学模式，通过网络授课的形式，在禄劝一中、屏山中学等9所学校开展初、高中直播、录播教学，让禄劝的学生可以通过教室的大屏幕直观、形象、实时地获得优质教育资源和教学内容，并通过与北京市朝阳区11所学校、昆明市12所优质学校结对帮扶，探索出了一条城市优质教学资源与乡村共享的教学之路，大幅度提升了学校管理能力和教育教学水平，教学质量逐年提升。2018年高考，直播班毕业生陈泓旭已被清华大学录取，苏丹丹、耿世函被北京大学录取，"一清二北"实现历史性突破，交出了近30年来最好高考成绩单。

六　下好"一盘棋"，解决基础薄弱的问题

"十二五"以来，禄劝县紧紧抓住教育均衡发展的关键节点，结合地区经济社会发展大势，一是因需施策，投资66875.5万元实施昆明市农村中小学校标准化建设工程，建成42所农村中小学标准化学校，总面积292907.20平方米，购置设备4844.94万元。二是综合施策，投资54449.41万元实施义务教育阶段教育扶贫基础设施建设工程，其中：投资10781.9万元实施校安工程；投资26675万元实施"全面改薄"和农村初中改造工程；投资4480.8万元实施学校食堂改造；投资2319.18万元，按一县一示范，每乡（镇）有一所公办中心幼儿园的要求，实施13所幼儿园学前教育项目建设；投资800万元扩建和改造25所中小学浴室2585平方米；投资931.17万元实施186所学校抗旱保教项目，保障师生饮用水安全；投资1927.36万元实施设备购置项目，购置食堂设备，改善学生生活设施；投入5064万元省级资金，购置教学仪器、电教设备、学生课桌椅和

学生床架；投资 1470 万元建成 11 所中小学教师周转宿舍 294 套，改善教师居住条件，为教师安心从教提供保障。三是发展施策，采取融资租赁方式，由融资方一次性投入6137 万元，实施教育信息化工程，其中包括配备计算机，实现多媒体"班班通"、教育城域网"校校通"，开发录播室系统、视频会议教学教研系统、"平安校园"视频监控系统、阅卷系统等七项工程。

第三节 "穷县富教育"模式的特色

有研究者发现，虽然近几年我国民族地区教育扶贫力度不断增加，但是贫困群体获得感并未获得相应提升。其中，最主要的原因是扶贫政策的制定和实施并未精准瞄准。但是禄劝县实施的精准教育扶贫模式，呈现许多不同之处。

一 持续开展全员家访，动态管理教育扶贫对象

根据精准识别的全县建档立卡贫困户 26101 户 91572 人的具体名册，持续开展全员家访工作，动态关注建档立卡贫困户子女在校就读情况，做到底数清、情况明，每学年定期进行贫困户学生信息动态管理，及时更新，动态销号，确保精准掌握建档立卡贫困户学生的就学情况，对有辍学苗头的建档立卡贫困户子女，因人施策，及时劝返。对因贫失学或遇到突发变故造成家庭特别困难的学生，做到及时掌握，及时帮扶。对孤儿、残障儿童和留守儿童等特殊群体积极动员广大教师及社会各界开展关爱服务。

二 完善贫困学生资助服务体系，推进教育精准扶贫

全面完善从学前教育到高等教育家庭经济困难学生资助政策体系，优先将建档立卡贫困家庭学生纳入各级各类资助范围，发挥教育基金、教育扶贫救助基金的补充作用，保障不让一个学生因家庭经济困难而失学。建立以学籍为基础的全省学生资助信息管理系统，实现与人口、低保、扶贫等信息系统的对接，提高教育扶贫精准度。

三 拓宽教育扶贫政策宣传渠道，加大教育扶贫宣传力度

要求全县各级各类学校加大对控辍保学、学生资助等相关扶贫政策的宣传力度，做到教育扶贫政策宣传与教育扶贫工作同研究、同部署、同推进，切实提高群众对教育扶贫政策的知晓率，提升教育扶贫群众满意度，让教育扶贫政策深入人心，并限期完成以下工作任务：①根据 2018 年县委、县政府脱贫攻坚新的战略部署和学生资助政策，进一步更新、完善学校教育扶贫宣传专栏或展板内容；②面向学生深入开展 2~3 次主题

班（队）活动，并充分发动学生以"小手拉大手"的方式向家长及社会进行教育扶贫政策宣传；③面向家长认真组织召开 1～2 次专题家长会，将控辍保学、学生资助相关政策向学生家长讲深讲透；④核实前期《致家长的一封信》发放情况，确保每一名学生家长收到《致家长的一封信》；⑤组织开展"自强、诚信、感恩"主题教育活动不低于2 次；⑥持续深入开展全员家访活动，因地制宜、因人而异进行精准宣传。

四 大力推动发展高中阶段教育

组织实施好普通高中改造计划和禄劝中学建设项目，大力提高贫困地区普通高中普及程度。积极探索高中阶段学校多样化办学模式，不断优化网络直播班集中办学模式，持续实施三大工程。借助外力，继续与云南省教育科学研究院签订"云南省教育科学研究院与禄劝彝族苗族自治县人民政府共同开展科研综合试验的合作协议"，由云南省教育科学研究院牵头，成立禄劝教育咨询专家委员会，为禄劝教育改革和发展评估把脉，出谋献策，把禄劝打造为全省"双师型"教学亮点县；完善机制，激发内生动力，教育局与学校制定教学管理目标和教学质量目标，实行目标化管理、精细化跟踪、全程化考核，构建上下齐心抓质量的良好机制。建立"一年高考、三年备考"机制，狠抓高中教学质量，推动高中教育又好又快发展。

五 加快发展职业教育

把禄劝职业中学教育作为普及高中阶段教育的重点，切实改善禄劝职业中学办学条件，加大基础能力建设资金倾斜力度，优化课程结构，开设与当地经济社会发展相适应的专业，针对当地卫生、医疗等人才急需，开展订单式职业教育。面向初中毕业生加强职业教育政策宣传，加强高中阶段教育招生统筹，保持高中阶段年度招生职普比例大体相当，帮助更多贫困地区学生免费接受中职教育。支持贫困地区中等职业学校与发达地区优质中等职业学校结对子，开展对口帮扶，引导贫困地区初中毕业生到发达地区中等职业学校接受职业教育。到 2020 年，高中阶段毛入学率达 90%。

第四节 "穷县富教育"模式的亮点

一 开全省先河，农村学生免费上高中

在全省率先制定《禄劝彝族苗族自治县实施农村家庭学生高中阶段免费教育工作方案》，从 2017 年起，每年投入教育扶贫基金 3200 万元，实施县域内农村家庭学生高中

阶段免费教育，成为云南省第一家县级财政支撑实施高中阶段免费教育的县区。该项政策使农村学生特别是贫困家庭学生的梦想不致在义务教育阶段，保证了他们能够接受高中阶段再教育，进而"鱼跃龙门"考上理想的大学。

二 点亮"艺术之光"，为山区少数民族学生发挥特长提供更多可能

结合少数民族学生能歌善舞的特点，在全县中小学组建多支合唱队伍和艺术团队，开展"音乐教育扶贫"。其中，崇德小学彝苗童声合唱团多次参加国家、省、市、县的比赛和展演活动，获得多项荣誉，成绩斐然，成为禄劝艺术教育扶贫成果中的一张亮丽名片。2017年7月5日，中央电视台经济半小时频道以合唱团为切入点，以"彝山苗岭飞出'百灵鸟'"为题，对禄劝教育精准扶贫进行了特别报道；7月26日，荣获第六届中国童声合唱节A组金奖第一名；12月23日至27日，参加中央电视台《银河之声——2018少儿频道新年特别节目》录播活动。2018年1月31日，受邀参加昆明市委、市政府举行的2018年春节招待会，为各国外交官员及在昆明工作的外国专家等进行演唱；5月17日至23日，赴京参加中国音乐学院指挥系2017～2018年度青年指挥人才培养计划的音乐会及学术交流活动；7月16日至20日，参加文化和旅游部主办的第九届中国少年儿童合唱节，荣获十佳"最受欢迎合唱团"荣誉称号；7月19日至25日，获得第十四届中国国际合唱节暨国际合唱联盟合唱教育大会最高奖项——A级合唱团；11月9日，中央电视台社会与法频道以"山里的唱歌娃"为题，再次播出禄劝教育扶贫的音乐扶贫之路。这种跨越贫富、穿越大山的艺术教育深受少数民族学生的喜爱，让他们在艺术殿堂大放异彩，也让孩子们对未来充满了希望。

第五节 "穷县富教育"模式的主要经验

政府作为民族地区公共利益的代表，不仅是各项教育扶贫政策的制定者，还掌握着国家各类教育扶贫资源，是教育扶贫工作的主导者。因此，领导班子的做法在民族地区教育脱贫中起关键作用。

一 加强组织领导，健全工作机制

组织上十分重视2020年脱贫攻坚各项工作，把精准扶贫工作作为当前的重要政治任务，将各项脱贫工作提上议事日程，精心组织成立相关领导小组，制定相关工作实施方案，通过加强组织领导，形成领导班子主导，全体干部职工参与的良好局面，形成推动"百日会战"攻坚制胜的合力。

二　明确工作职责，强化监督检查

切实落实"一岗双责""党政同责"制度，根据脱贫攻坚相关工作要求，在各项工作实施方案中，明确领导干部工作目标任务，创新工作绩效考核机制，将扶贫开发工作列入各级责任目标考核，并对实施过程进行动态监督。

三　领导率先垂范，发挥堡垒作用

领导班子成员在推进各项扶贫攻坚工作中，主动认领联系挂钩学校和帮扶贫困户，积极深入基层进行调研指导工作，切实履行工作职责。党员干部发挥先锋模范作用，率先垂范，带动全体干部职工发扬艰苦创业的优良作风。

四　创新工作思路，讲求工作实效

在扶贫攻坚工作中，以工作实效为目标，以精准为抓手，以人为核心，以资金为保障，以监督指导为动力，结合实际创新思路，推动落实，使扶贫攻坚各项工作稳步开展。

第六节　"穷县富教育"模式的启示与借鉴

随着我国教育扶贫开发进入新的阶段，必须改变以往"大水漫灌"式的扶贫，着力实施"精准滴灌"的做法。禄劝县全面实施义务教育学校标准化建设，改善基本办学条件；同时，学校设点充分考虑资源配置最大化，着力于贫困校区信息化基础建设，通过教育平台将优质的教育资源输送到山区学校，真正使贫困孩子享受扶持政策。开展民族特色文化教育，利用少数民族能歌善舞的天性，达到因材施教的目的，使得山区的贫困孩子得以发挥特长。在师资队伍建设方面，提高偏远山区教师补贴，精确识别教师任教地区工作、生活条件的艰苦程度，实行不同程度的补贴。这些特色与亮点值得云南省内其他贫困县乃至其他省份类似贫困地区学习和借鉴。

第十八章
云南寻甸县健康扶贫"5+5"模式

第一节　目的与意义

在实施精准扶贫政策中，稳定实现农村贫困人口"不愁吃、不愁穿，义务教育、基本医疗和住房安全有保障"（简称"两不愁三保障"），是我国精准脱贫的标准和打赢脱贫攻坚战的总体目标。在"两不愁三保障"中，基本医疗有保障是"三保障"的重要组成部分。让群众"病有所医，医有所保"，保障人民群众身体健康是全面建成小康社会的重要内涵。2013年以来，中共中央把健康扶贫作为打赢脱贫攻坚战的一项重要举措，做出了一系列重大决策部署。中共十九大把实施健康中国战略上升到决胜全面建成小康社会、开启全面建设社会主义现代化国家新征程的战略部署。可以说，没有全民健康，就没有全面小康。许多研究表明，低收入群体罹患重大疾病的可能性高于高收入群体，贫困人口即使脱贫了也可能面临患病风险，导致再次因病返贫。同时，非贫困户也面临因病致贫而成为新贫困户的风险。贫困与疾病通过许多因素而相互联结、相互影响，反复循环。因此，健康扶贫将是一个长期的重点扶贫方式。健康扶贫是脱贫攻坚战中的一场重要战役，事关群众切身利益，事关脱贫攻坚大局。

寻甸县是全国592个国家扶贫开发工作重点县之一，山区占全县总面积的87.5%，集"民族、贫困、山区、革命老区"于一体。2014年，全县有建档立卡贫困人口33358户127960人，贫困发生率为26.93%。其中，因病致贫和返贫2743户3095人，因病致贫、返贫率为8.2%。通过近几年的脱贫攻坚工作，截至2017年底，全县8个贫困乡113个贫困村达到脱贫标准，全县累计减少农村贫困人口126311人，贫困发生率由2014年的26.93%下降到2017年末的0.35%，农村常住居民人均可支配收入由2014年的6113元增长到8229元，城乡面貌发生巨大变化，农民生活水平显著提高，全县整体达到现行脱贫摘帽标准，终于摘掉戴了30多年的"穷帽子"，成为云南省首批脱贫摘帽县。2017年末全县未达脱贫标准的594户1649人中，因病致贫、返贫208户647人，因病致贫、返贫占未达脱贫标准人数的39.2%。为有效防止因病致贫、因病返贫现象，根据《昆明市人民政府办公厅关于印发昆明市贯彻落实云南省健康扶贫30条措施实施方案的通知》（昆政办〔2017〕144号），寻甸县结合本县实际情况，研究并提出了健康扶贫"5+5"工作模式。通过实施这一工作模式，探索出一条符合寻甸县实际情况的健康扶贫之路。截至2018年底，寻甸县贫困发生率已进一步降至0.25%。这一模式极大地改善了群众的就医环境，改善了贫困地区的医疗条件，得到了各族人民群众的一致认可，提高了群众的满意度和获得感，有效防止了因病致贫、因病返贫的现象发生，也为其他贫困地区推进健康扶贫工作提供了宝贵的经验。本章着力于总结和提炼寻甸县健康扶贫的具体做法、主要成效、成功经验、启示与借鉴；同时，还分析了该模式当前存在的主要问题，并提出了相应的对策和建议，旨在为其他贫困地区健康扶贫提供参考和借鉴。

第二节 健康扶贫"5+5"模式的具体做法

寻甸县在"寻甸县脱贫攻坚指挥部"之下专门设立了"健康救助脱贫攻坚分指挥部"。这一分指挥部紧紧围绕加强医疗服务能力建设、提升公共卫生服务能力等方面，着力实施"5+5"模式，有效防止因病致贫、因病返贫和因病漏评。

一 建立完善"五重保障"医疗体系

一是基本医疗保险。建档立卡贫困人口在乡镇卫生院住院实施零起付线，按照分级诊疗、转诊转院的规范在定点医疗机构住院，提高城乡居民基本医疗保险报销比例，合规医疗费用在一级联网结算医疗机构报销比例达到95%，在二级联网结算医疗机构报销比例达到85%，在三级联网结算医疗机构报销比例达到80%。2015年以来，全县建档立卡贫困人口医疗费用基本医疗保险报销8665.9万元。

二是大病保险。建档立卡贫困人口大病报销起付线由原来的2万元降低为1万元，降低50%，大病保险最高支付限额由原来的9.8万元提高到18.3万元。建档立卡贫困人口在自然年度内个人自付医疗费在1万元以上（含1万元）3万元以内的报销50%，3万元以上（含3万元）4万元以内的报销60%，4万元以上（含4万元）5万元以内的报销70%，5万元以上（含5万元）25万元以下的报销80%。2015年以来，全县建档立卡贫困人口医疗费用大病保险报销334.6万元。

三是民政医疗救助。取消建档立卡贫困人口民政医疗救助起付线，年度累计救助封顶线不低于10万元。2015年以来，全县建档立卡贫困人口医疗费用民政救助457.2万元。

四是政府兜底保障。建档立卡贫困人口通过基本医疗保险、大病保险、民政医疗救助报销后，符合转诊转院规范住院治疗费用实际补偿比例达不到90%和个人年度支付符合转诊转院规范的医疗费用仍然超过当地农村居民人均可支配收入的部分，由政府进行兜底保障。确保建档立卡贫困人口住院医疗费用个人自付比例不超过10%，门诊费用个人自付比例不超过20%，年度个人自付累计费用不超过当地居民人均可支配收入。2015年以来，全县建档立卡贫困人口医疗费用政府兜底保障1288.8万元。

五是临时医疗救助保障。对建档立卡贫困人口和农村低收入人口，其政策范围内的医疗费用，经基本医疗保险、大病保险、民政医疗救助和政府兜底保障等救助措施后，个人年度累计自付部分还有可能造成"因病致贫、因病返贫"的，通过本人申请给予临时医疗救助。原则上每人每年救助金额不超过2万元。2015年以来，全县建档立卡贫困人口医疗费用临时医疗救助保障384.9万元。

二　落实五项优惠服务政策

一是全员免费参保待遇。建档立卡贫困人口全员参加城乡居民基本医疗保险和大病医疗保险，个人缴费部分由政府全部兜底，建档立卡贫困人口全员享受城乡基本医疗保险和大病保险相关待遇。2017年全县参加城乡居民基本医疗保险和大病医疗保险建档立卡贫困人口127957人，达到100%参保，政府补助2303.2万元。

二是"先诊疗、后付费"及"一站式"结算服务。建档立卡贫困人口在"健康扶贫定点医院"（县第一人民医院、县中医医院和16家乡镇卫生院）看病就医实行"先诊疗、后付费"服务，无须缴纳住院押金，直接治疗。"健康扶贫定点医院"均开设"建档立卡贫困人口服务窗口"，实行"一站式"结算服务，医院对各类报销补偿资金统一进行垫付，建档立卡贫困患者只需缴清个人自付费用即可。2017年建档立卡贫困人口看病就医160294人次。

三是大病集中救治服务。建档立卡贫困人口中罹患儿童白血病、儿童先天性心脏病、食管癌、胃癌、结肠癌、直肠癌、终末期肾病、重性精神病等9类20种大病的，优先安排集中救治。2017年，全县患9类20种大病的建档立卡贫困人口有1100人，由县第一人民医院联合省、市级医院，按照"病人不动专家动"的原则，实现建档立卡贫困大病患者100%救治，做到"一人一档一方案"。

四是家庭医生签约服务。建档立卡贫困人口享受家庭医生签约服务，由家庭医生团队提供基本医疗、公共卫生和约定的健康管理服务。2017年，全县组建家庭医生团队179个，签约建档立卡贫困户127957人，随访服务511828人次。

五是巡回医疗帮扶服务。由市、县级医院派出专家，与乡镇卫生院医生和乡村医生组成医疗帮扶小分队，定期对建档立卡贫困人口进行义诊、健康指导等巡回医疗帮扶服务。2017年，昆明市16家城市医院与寻甸县2家公立医院和16家乡镇卫生院建立长期稳定的结对帮扶关系，派出医疗技术指导人员1501人次，接诊贫困患者12516人，免费发放药品88143元；县级2家医院派出医疗技术指导人员670人次，接诊贫困患者5222人，免费发放药品51885元；乡级16家卫生院派出医疗技术指导人员870人次，接诊贫困患者8454人，免费发放药品15466元。

第三节　健康扶贫"5+5"模式的主要成效

通过实施健康扶贫"5+5"模式，寻甸县医疗卫生服务能力得到持续提升，基础设施建设得到不断加强，得到了群众的信任和一致认可，提高了群众的满意度和获得感，有效防止了因病致贫、因病返贫的发生。

一　全面提升了群众满意度和获得感

一是通过在全县公立医院和乡镇卫生院设立"贫困人口健康服务窗口"，开通绿色通道，并对建档立卡贫困人口实行"先诊疗、后付费"服务，极大地方便了贫困群众看病就医。二是组建家庭医生团队224个，建档立卡贫困户家庭医生签约127957人，签约率达100%，由家庭医生团队为建档立卡贫困人口提供基本医疗、公共卫生和约定的健康管理服务，进一步增强了群众的满意度和获得感。

对20户大病户2018年医药费状况的调查表明，这20户大病户2018年应付医疗费占家庭总纯收入的比例平均为41.63%，最低的户为16.66%，最高的户达106.11%（即应付医疗费超过了家庭总纯收入）；按健康扶贫政策报销后，实际支付医疗费占家庭总纯收入的比例平均为4.11%，最低的户仅为1.57%，最高的户也只有10.61%，报销比例均达89%以上。

二　减少了建档立卡贫困户因病致贫、因病返贫的现象发生

通过严格按照"三个一批"（大病集中救治一批、慢性病签约管理一批、重病兜底保障一批）进行分类管理，全县建档立卡贫困人口中因病致贫、返贫人数核准完成率达到100%，录入全国健康扶贫动态管理系统"三个一批"4468人，其中需要大病集中救治一批985人，已救治985人，救治率100%；需要慢性病服务签约一批3481人，已签约3472人，签约率99.7%；需要重病兜底保障一批2人，已兜底2人，兜底率100%。通过实施健康扶贫"5+5"模式，寻甸县因病致贫、返贫人数已从2743户3095人降至

208 户 647 人。截至 2018 年底，寻甸县贫困发生率从 2014 年的 26.93% 降至 0.25%。

三 医疗卫生服务能力得到持续提升

寻甸县医疗基础设施建设得到不断加强，乡镇卫生院、村卫生室标准化建设达标，设施设备标准化配置到位，极大地改善了群众的就医环境，改善了贫困地区的医疗条件。通过巡回医疗帮扶服务，偏远地区的贫困户也能得到高水平医生诊断和治疗。通过激励优秀医学人才向基层流动政策，越来越多的高素质医学人才深入基层，使基层的医疗卫生服务能力得到明显的提升，使各项工作可以更加高效地开展。

第四节　健康扶贫"5+5"模式的成功经验

一 政府主导与推进是前提和保障

健康扶贫"5+5"模式，是根据《昆明市人民政府办公厅关于印发昆明市贯彻落实云南省健康扶贫 30 条措施实施方案的通知》（昆政办〔2017〕144 号），在贯彻落实《云南省健康扶贫 30 条措施》和《昆明市健康扶贫攻坚工作方案》过程中，寻甸县结合本县实际情况而探索出来的一项行之有效的健康扶贫政策措施。整个健康扶贫模式的运转，全部基于政府的支持和推进。所有健康扶贫资金，均由政府投入。如果没有政府的主导，那么这个模式就会不复存在，因此，政府的主导与推进是整个健康扶贫模式运转的前提和保障。

二 五重保障与五重优惠是中心内容

健康扶贫"5+5"模式，是指上述五重保障和五重优惠。这是这个健康扶贫模式的中心内容。简言之，五重保障包括基本医疗保险、大病保险、民政医疗救助、政府兜底保障、临时医疗救助保障。五重优惠包括全员免费参保待遇、"先诊疗、后付费"及"一站式"结算服务、大病集中救治服务、家庭医生签约服务、巡回医疗帮扶服务。五重保障与五项优惠政策，相互衔接、相互支撑，共同促进了健康扶贫工作的开展。

三 注重加强政策宣传是关键措施

各级各部门积极制定宣传工作方案，采取群众通俗易懂、喜闻乐见的形式进行广泛宣传，加大宣传工作力度，提高健康扶贫各项政策措施知晓率。大力宣传健康扶贫的典型案例和工作成效，营造良好的舆论环境和社会氛围。通过家庭医生签约服务和巡回医疗帮扶服务，把有关的健康扶贫政策宣传到每家每户，驻村工作队、包村干部与帮扶责任人切实做好宣传政策的工作，同时要印发相关的手册。只有政策宣传好了，农户才能了解政策、享受政策、从政策中获得切实利益。注重加强政策宣传是一项不可或缺的措施。

第五节　健康扶贫"5+5"模式的启示与借鉴

一　通过体制机制创新解决贫困人口看病负担重的问题

鼓励各地组建医疗联合体（医疗共同体），积极开展按人头打包付费试点，按照"超支自负，结余留用"的原则，将区域内建档立卡贫困人口或城乡居民的基本医疗保险、大病保险、民政医疗救助、政府兜底保障、临时医疗救助保障等资金统一打包给医疗联合体（医疗共同体）牵头医院，由牵头医院负责建档立卡贫困人口或城乡居民的医疗卫生服务和医疗保障，并确保建档立卡贫困人口个人年度支付的符合转诊转院规范的医疗费用不超过当地农村居民人均可支配收入。

二　建立激励优秀医学人才向基层流动政策措施

对到县级医疗卫生机构工作的高级专业技术职务人员或医学类专业博士研究生给予每人每月1000元生活补助，医学类专业全日制硕士研究生给予每人每月800元生活补助。对到乡镇卫生院工作的高级专业技术职务人员或医学类专业博士研究生、全日制硕士研究生给予每人每月1500元生活补助，经全科住院医师规范化培训合格的本科生给予每人每月1000元生活补助，医学类专业全日制本科毕业生并取得相应执业资格的给予每人每月1500元生活补助。县级及以上具有中级以上职称的专业技术人员、具有执业医师资格的卫生技术人员，到乡镇连续工作满2年（含2年）以上的，从到乡镇工作之年起，给予每人每年1万元工作岗位补助。积极争取国际支持，继续实施特岗全科医师招聘计划。鼓励公立医院医师利用业余时间到基层医疗卫生机构执业。

三　注重远程医疗服务体系建设

2018年上半年，已经完成全县16个乡镇卫生院在基础医疗、公共卫生服务、中医药服务、儿童和孕产妇管理信息系统的统一布置，建成县域居民健康档案数据库。虽然寻甸县远程医疗服务体系建设已经取得一些成效，但是，还要争取在2020年前，完成全民健康信息平台建设，实现电子病历、居民健康档案、全员人口健康等数据的互联互通，实现公共卫生、计划生育、医疗服务、医疗保障、药品供应、行业管理、健康服务、大数据挖掘、科技创新等全业务信息系统应用，同时完成医学影像、临检、心电、病理等管理系统建设，依托省、市远程诊疗系统，建成覆盖县、乡两级医疗机构间信息共享的远程诊疗服务体系。

四　广泛开展健康促进与健康教育

推进健康扶贫首先要解决"未病先防"的问题，这就要求抓好全民健康教育，着力提升贫困地区居民健康素养。加强健康教育机构和队伍建设，配置健康教育专业工作人员3~5人，构建健康科普宣传平台。实施健康素养促进行动项目，落实健康巡讲，公益广告播放，结核病、艾滋病等传染病及高血压、糖尿病等慢性非传染性疾病防治，地方病健康教育等工作措施，广泛开展居民健康素养基本知识和技能宣传教育，有针对性地对学生、老年人、慢性疾病患者等重点人群开展健康教育，有效提高居民健康素养水平，指导开展居民健康素养监测工作。

第十九章
四川平武县"1+5"生态扶贫模式

近几年来,生态旅游已经成为平武县林业现代化建设的一个大亮点,成为推动脱贫攻坚、促进经济社会发展和改善民生福祉的一个大事业。实践表明,生态旅游是实现"不砍树也能致富"的"发动机",是扶贫攻坚的"动力源",也是推动平武全域旅游发展的"主力军"。

平武县地处四川盆地周边山区与川西高原过渡地带、川甘两省的交汇点和岷山山系大熊猫 A 种群的腹心地带,特殊的地理位置孕育出宜人的气候、独特的人文资源和奇特的地形地貌:4760 平方公里林地,森林覆盖率达 74% 以上,常见优势树种 23 科 37 属 78 种,优势建群树种等 32 种,草被植物有 96 科 332 属 573 种……一组组数据形象地说明了平武林业生态资源的富集。

脱贫攻坚以来,平武县通过树立"绿水青山就是金山银山"的理念,立足国家重点生态功能区的特殊县情,始终坚持"脱贫攻坚生态先行"这一主线,全面贯彻落实习近平总书记精准扶贫方略思想和中央、省、市各项决策部署,按照"五个一批"要求,坚持扶贫开发与生态保护相统一,加大对贫困村生态保护修复力度,通过林业生态工程建设、生态补偿、资源开发、增加就业等方式,厚植生态优势,加快绿色发展,生态扶贫工作取得显著成效。

第一节　聚力生态补偿扶贫　立足生态"想法子"

平武县将生态补偿作为增加贫困群众转移性收入的重要来源,优先实施退耕还林,将退耕还林任务向边远、边界、边角的贫困乡村倾斜,让贫困人口在参与生态保护与修复中得到更多实惠,实现巩固生态屏障和群众增收致富"双赢"。退耕还林以来,平武全县累计完成退耕还林 10133.33 公顷,覆盖全县 25 个乡镇,涉及农户 26788 户,其中建档立卡贫困户 3247 户,退耕 1218.63 公顷,2015 年至今兑现资金 1916.08 万元,贫困户每年户均增收 1180.2 元。

与此同时,平武县紧紧抓住深化集体林权制度改革机遇,为困难群众划定"自留山"，长期经营，无偿使用，集体山林按"均山到户""均股到户"原则，通过家庭承包、流转经营等方式，盘活资源助农增收，并及时兑现个人和集体所有的公益林生态效益补偿资金，积极帮助贫困人口增收致富。

根据统计，平武全县有13333.33公顷个人所有的公益林、90933.33公顷集体所有的公益林，近四年累计兑现公益林补偿资金9450万元，帮助贫困户每户实现年均增收500余元。同时，整合生态补偿资金1600余万元，用于24个乡镇243个村（包括72个贫困村）公共服务设施、基础设施建设和产业发展，助力全县精准扶贫精准脱贫，让农民群众特别是贫困群众共享"生态红利"。

此外，平武县积极推行保护发展生态资源相关举措，加强生态防火和林业有害生物防控，保护林地资源和古树名木，打击一切破坏生态的违法犯罪行为，从各个环节确保了生态资源安全。同时，围绕生态旅游发展加大基础设施的投入，完善和改造通往各生态旅游区的道路，建设生态游步道，外围提升了九环东线道路，九绵、广平高速项目在平武境内相继开工，"二高二横三纵两环"的交通骨架和通村达社的毛细血管路网初见雏形，平武已基本实现了"发展路"与"民生路"互补、"扶贫路""旅游路""产业路"同步推进的道路格局。

通过软硬双管齐下，平武县聚力生态补偿扶贫，为县域经济的跨越式发展创造了良好的条件。

第二节　聚力生态产业扶贫　扭住增收"牛鼻子"

四月的平武，天气依然略显寒冷，但在平武县阔达藏族乡的种蜂繁育场里，忙碌的身影却频频出现。

这是一片长满蜜糖的土地，走进种蜂繁育场，即便是在春季，也能够从空气中闻到淡淡的蜜香，平时来种蜂繁育场学习培育技术的村民更是络绎不绝。现如今，平武县响岩镇的中峰村和木皮藏族乡的关坝村已经形成规模，成为远近闻名的平武"中蜂村"。

在种蜂繁育场，已经能感受得到农业越来越有干头，农民越来越有奔头了。近年来，平武县紧紧围绕"产业助推脱贫攻坚"总体思路，发挥地域优势、资源优势、基础优势，牢牢牵住产业"牛鼻子"。针对平武独特的自然环境优势，县委、县政府探索出具有平武特色的"中蜂＋"产业，通过种植一级蜜源经济植物和二级蜜源经济植物等多种措施，进一步优化和调整全县农业产业结构，为积极发展生态环境友好型产业、坚决淘汰落后产能起到了强大的推动作用。

同时，依托良好的生态优势，平武因地制宜，以平武绿茶、平武核桃、平武中药材为清漪江片区、九环线片区和上山区 3 大片区支柱产业;以平武大红公鸡、平武黄牛、生态黑猪、平武食用菌和高山蔬菜为 5 大跨域产业;所有行政村确定 N 个"一村一品"特色产业的产业扶贫新格局和"全域规划、突出特色、龙头带动、联动推进、全域覆盖"的良好发展态势。

此外,平武县安排涉农整合资金 4000 余万元,重点支持"135N"产业示范园、基地建设、品牌创建和技术培训推广。在全县所有行政村安排产业扶持基金 5600 余万元,支持村级集体经济发展和贫困户特色产业发展。通过近两年的发展,全县建成平武"中蜂+"产业示范园 84 个、水果产业园 8 个、蔬菜产业园 6 个、配套产业园 4 个、养殖生态园 4 个,新建农业产业示范基地 13 个。全县发展茶园 8973.33 公顷,投产茶园 5600公顷,总产值 1.2 亿元;中药材生产面积达 28200 公顷。

第三节 聚力生态建设扶贫 提升设施"筑底子"

"看得见山,望得见水,记得住乡愁。"这句话用来描述平武县龙安镇义佛山村恰如其分。蓝天白云下,清澈的两岔河水从山村脚下奔流而过;翠林掩映下的房屋错落有致;村道小路、房前屋后干干净净;路边花坛里铺满了随风摇曳的杜鹃、三角梅……随意走进村子的一处院落,都仿佛走进一幅幅恬静安详的田园画卷。

2014 年前的义佛山,道路泥泞,通行不畅,无产业,群众生产条件差,饮水困难,居住条件差……但随着脱贫攻坚的开展,县委、县政府结合义佛山自然条件、人文景观条件、地理交通优势,聚力生态建设扶贫,大力推动农村各项事业全面发展,改善乡村面貌,完善精准灌溉工程,实施道路硬化工程等一批基础设施建设项目,将义佛山建设成为宜居、宜业、宜游、具有生态特色的生态旅游观光型村落,以农村元素为主,让人找到乡愁。游客既可以游览沿线山林风光、感受乡土文化,也可以品尝农家美食、购买生态农产品。

峰峦叠嶂间,曾经偏远的旧村落,如今迎来美丽的转身。义佛山村借力脱贫攻坚,在县委、县政府的指导和支持下,紧抓全域旅游发展机遇,依托现有车厘子基地,引导农户开发体验式、参与式的旅游项目,大力发展乡村旅游,同时带动本地特色农产品销售,提升产品附加值。

平武县通过将项目建设作为夯实生态建设底部基础的重要着力点,筑牢脱贫奔康的"家底子"。近年来,累计投入资金 1960 万元完成营造林 12000 公顷建设,其中 6600 余户贫困户完成营造林 1333.33 公顷。结合扶贫产业发展需求,大力发展毛叶山桐子种植,累计投入资金 1270 余万元,以 73 个贫困村为重点建成毛叶山桐子基地 2840 公顷。

同时，平武县林业局坚持每年开展"我为脱贫攻坚植棵树"活动，县乡干部、帮扶人员走村入户，帮助每户贫困户栽植毛叶山桐子等经济林木100株，待3~5年投产后，将形成稳定收入来源，促进贫困户可持续增收。

此外，平武积极推进脱贫攻坚造林专合社建设，引导造林大户、涉林专合组织成立脱贫攻坚造林专合社，明确专合社成员中贫困户数量不低于60%、贫困社员劳务费用不低于造林项目政府投资27%等要求，千方百计安排造林专合社承接造林项目。目前，已组建造林专合社14家，吸纳贫困社员260余人，造林专合社现已承接营造林项目166.67公顷，项目总投资127.9万元，预计可带动贫困社员增收33万元；承接核桃嫁接、病虫害防治等相关业务，带动贫困户增收4万元；承接平武县黄土梁大熊猫基因交流走廊带项目，带动8户贫困户增收4.5万元。

第四节　聚力生态就业扶贫　就地务工"挣票子"

脱贫攻坚以来，平武县结合自身特点，将生态就业作为实现贫困户就地增收的重要抓手，努力推动"就业一人、脱贫一户"。同时，致力于解决森林资源管理粗放等问题，将有劳动能力的贫困人口就地转化为生态护林员，让建档立卡贫困群众在家门口就业脱贫。

据统计，平武县林业局共选聘生态护林员982名，每年可为全县982个贫困家庭（约占全县贫困户总数的14%）增收5000元。值得一提的是，平武县明确新聘用天保管护人员优先在贫困人口中选聘，王朗、雪宝顶2个国家级自然保护区分别落实资金20万元，用于聘请保护区周边社区贫困户参与生态保护，切实帮助贫困人口脱贫。积极开展自然保护小区试点，在木皮藏族乡关坝村建立全省第一个自然保护小区，组建的森林管护队伍，吸纳了5名贫困人口，人均年增收近4000元。目前，该模式已在平武高村福寿、木座新驿村等地复制推广。

同时，结合森林康养、生态旅游，平武县林业局大力开展自然教育，培养10多名贫困群众作为生态导览员，在保护地开放线路内进行生态导览工作。

例如，平武县古城镇青羊村猕猴桃产业园作为衢江－平武东西部扶贫协作项目，在注重产品品质的同时，更加注重扶贫效益。猕猴桃属于劳动密集型种植业，13.33公顷的猕猴桃产业园，人工需求量巨大，从前期的栽种、看护，再到授粉、采摘，任何一个环节都离不开人工，仅一般情况下的除草工作每天都需要20多人同时在岗。这对当地贫困户和困难群众增收帮助极大。

第五节　聚力生态公益扶贫　创新实践"探路子"

紧扣脱贫攻坚大局选人，平武县明确公益性岗位开发重点支持深度贫困户的总原则。在岗位设置上向贫困村倾斜，73个贫困村每村可开发5个农村公益性岗位，175个非贫困村每村可开发4个农村公益性岗位用于安置贫困家庭劳动者。16~60周岁有劳动能力和就业愿望且未退出全国扶贫开发信息系统的农村建档立卡贫困家庭劳动力均可纳入，总共安置1500余人。

同时，平武县立足长远，培养人才，将公益性岗位作为培养贫困群众技能、提升素质的"大学堂"。招聘上岗后，按照"谁用人、谁管理"的原则，明确双方的权利和义务，增强用人单位和公益性岗位人员的责任意识。经常性地组织公益性岗位从业人员参加职业技能培训，通过职业技能培训，提高工作技能水平。加强工作纪律、工作作风等方面的培训教育，充分调动公益性岗位人员的工作积极性。建立公益性岗位人员数据库，公益性岗位人员上岗后，及时将人员信息录入公益性管理信息系统，建立个人档案，健全基础资料，做到人数、岗位、聘用时间、发放补助、社会保险底数清楚。

此外，平武县将探索创新作为生态扶贫的活力源泉，积极引进公益组织参与生态扶贫。构建"公益保护地共建模式"，引进四川西部自然保护基金会，在老河沟建立摩天岭县级自然保护区，投入资金1.8亿元，建成国际一流的集生态监测、科学研究、生态教育和生态体验等综合功能于一体的公益保护地，带动20余名贫困人口参与生态巡护，年人均增收3840元。

2018年3月阿里巴巴将平武作为阿里扶贫模式首个试点县，2018年、2020年平武关坝保护地1800公顷森林、福寿保护地833.33公顷森林先后在蚂蚁森林上线，分别被1179万名、1800万名社会公众认领，由蚂蚁金服出资资助保护地巡护队开展森林管护工作。

2018年8月，关坝自然保护区在蜂蜜采收前夕，通过阿里巴巴的生态体系，借助蚂蚁森林等多个渠道进行预售。首批1万斤蜂蜜在不到1小时即售罄，开创了阿里扶贫的新起点，成为贫困地区特色农产品通过网络走向世界的成功范例。

第二十章
云南弥渡县"七个一批"就业扶贫模式

弥渡是劳务输出大县,全县共有农村劳动力17.26万人(其中贫困劳动力3.97万人),常年在外务工人员8.62万人(其中贫困劳动力1.73万人),劳务经济收入达31亿元,就业成为弥渡脱贫增收的"压舱石"。弥渡县健全转移就业长效机制,采取有组织的大批量的对外输出和县内就近务工相结合的方式,与"海底捞"等省内外用工单位合作,打造弥渡劳务输出个性化品牌,"七个一批"促就业助脱贫,持续提升劳动力转移培训精准度和就业组织化程度,确保劳动力尤其是贫困劳动力"想出去、出得去、留得住、能增收"。

第一节 做亮一个品牌 提升转移就业品质

强化政企合作,建立用工信息采集、劳务输出对接、维权保障"一条龙"服务工作体系,做亮"海底捞用工输出基地——弥渡"品牌。与海底捞人事部"嗅才招聘"合作成立劳务工作站,为弥渡籍海底捞务工人员提供求职、用工登记、职业介绍、就业推荐、岗位援助等精准就业服务,及时反馈用工信息和交流务工人员相关信息。建立双向对接机制,加强工作站与所在地政府、职能部门、服务实体的信息沟通、政策协调和工作配合,做好转前考察、转中管理、转后服务工作。建立定期回访制度,积极为外出服务人员提供政策、法律咨询服务和法律援助,切实维护弥渡籍务工人员的合法权益。目前,在海底捞的弥渡籍务工人员有8000多人(含后勤、物流、人事、财务、采购等部门人员),其中在海底捞直营餐厅服务的人员有3785人(其中贫困劳动力371人)。2019年,新入职海底捞直营餐厅的弥渡籍务工人员有1308人,其中贫困劳动力149人。最早入职海底捞直营餐厅弥渡籍员工的工龄达14年;共有26名店经理,月薪3万元/人以上,其中两名月薪在10万元/人左右;大堂经理共72人,月薪1万元/人左右;库管、电工、舍管员、经理助理等合计655人,月薪在6500元/人以上;其余人员均为普通员工,月薪在3000~8000元/人。海底捞倡导"双手改变命运"的价值观,为员工创建公平公正的工作环境,实施人性化、亲情化管理模式,在企业文化的熏陶下,务工人员素质获得"蝶变"式提升。

第二节　突出"七个一批" 夯实就业扶贫基础

一　完善劳务对接，转移就业一批

强化政企合作，订单式输出，打造弥渡劳务输出个性化品牌。一是点对点转移就业。与海底捞、上海清美绿色食品有限公司等用工企业有效对接，结合岗位需求，订单式转移就业。二是提高岗位匹配度。依托培训机构、人力资源服务机构，积极与县内外用工企业对接，结合岗位需求，开展订单式培训转移，着力提高岗位匹配度，实现培训与就业深度融合，贫困劳动力与用工企业有效对接。三是搞好双向服务。为用工企业提供优质、便捷的宣传及招聘服务，为群众提供面试、培训、选岗一站式服务，举办形式多样、针对性强的招聘会，并将招聘会开到乡镇，服务到人。四是全方位推介招聘信息。培养一批就业扶贫信息员，走村入户宣传务工信息及就业扶贫政策，"一对一"推荐就业岗位，向赋闲在家的劳动力反复推送务工信息，并利用微信、广播、电视、宣传栏等做好信息宣传及岗位推荐工作，积极引导群众走出去。

二　开展技能培训，促进就业一批

结合企业用工需求和劳动力转移就业意愿，围绕产业发展、培训对象需求，因地制宜地确定培训项目，精心制定培训方案，形成信息资源共享、项目集中发力、培训政策叠加的工作格局，为全县劳动力创造有竞争力的就业条件。以新时代农民讲习所为平台，实施新型农民培育工程，把"自强、诚信、感恩"主题教育作为培训第一课、必修课，教育培训对象感党恩，促进培训对象转变就业观念，让贫困劳动力"想出去"。将职业道德、质量安全意识、就业指导等内容贯穿职业技能培训全过程，把文明礼貌、卫生习惯、待人接物、城市生活常识、组织纪律等作为基础培训内容，帮助培训对象提高适应新工作、新环境的能力，让贫困劳动力"敢出去"。组织培训872场次4.9万人次，实现"应培尽培"的目标。采取理论与实践相结合模式，主要培训电焊、照明电路安装、中草药种植、SYB创业培训、家政服务、乡村养老护理、蔬菜种植与田间管理等技能，深受参训学员欢迎，增强了贫困劳动力的脱贫底气。

三　落实奖补政策，鼓励就业一批

认真落实奖补政策，鼓励贫困劳动力转移就业。对吸纳贫困劳动力较多的企业给予政治待遇、社会名誉和金融支持，激发各类用工主体吸纳贫困劳动力就业的积极性。一是落实一次性生活补贴、一次性交通补助、寄钱回乡奖励政策，激励贫困劳动力通过转移实现就业。二是落实扶贫车间奖补、返乡创业带动就业补贴、稳岗就业补贴、劳务公司补贴、企业新录用建档立卡贫困劳动力职业培训补贴等政策，激发县内用工主体吸纳贫困劳动力就地就近就业。三是落实组织劳务输出补贴、劳务输出基地补贴，鼓励人力资源服务机构、农村劳动力经纪人、劳务中介和村委会尽可能组织剩余劳动力转移。2019 年，全县共兑付 2341 人的一次性生活补贴，补助金额 211.45 万元；兑付 838 人的一次性交通补助，补助金额 39.6 万元；兑付 301 人的寄钱回乡奖励，补助金额 30.1 万元；返乡创业带动就业 41 人，兑付补贴 4.1 万元；稳岗就业 77 人，发放补贴 10.1 万元。

四　推动产业发展，稳定就业一批

以产业发展扩大就业容量，实现县内就业 36933 人。建基地、创品牌、育龙头、占市场，"一棵菜、一头猪"挑起弥渡脱贫增收"大梁"。蔬菜产业转型升级，带动 4.6 万农户种植蔬菜 14933.33 公顷，形成研发、种植、交易一体化蔬菜产业链。推行"党组织＋龙头企业＋金融机构＋合作社＋贫困户"的"1＋4"产业扶贫模式，抓实 50 万头"正大"生猪养殖全产业链项目，带动 4110 户建档立卡贫困户稳定增收。采取"公司＋基地＋贫困户"的模式，打造种植、深加工、观光为一体的玫瑰产业链。开启"党组织＋服务组织＋新型经营主体＋贫困户"蜂产业精准扶贫"甜蜜模式"。探索建立龙头企业、专业合作社、家庭农场等新型经营主体与建档立卡贫困户利益联结机制，全县共有 16277 户贫困户与 516 个新型经营主体建立利益联结机制，县域内有产业发展条件的建档立卡贫困户每户至少有 1 个新型经营主体覆盖。

五　落实创业扶持，带动就业一批

支持创业促就业，积极引导农民工创业和就近就地就业，为返乡农民工提供多渠道、高质量的创业就业服务，为农民持续增收提供有力保障。以创业贷款扶持带动产业发展、带动劳动力就业和增收致富，对有创业意愿并具备一定条件的创业人员，给予免费创业培训、创业指导、后续跟踪服务，力促自主创业带动就业。2019 年来共扶持 663 人创业，发放创业担保贷款 9191 万元，带动就业 1975 人，努力把有技术、有想法、有经验的农民工吸引回来，起到"创业一人，带动一方"的效果。

六　创建扶贫车间，吸纳就业一批

依托本地产业发展，大力打造就业扶贫车间，激发县内用工主体吸纳建档立卡贫困户就业的积极性。县、乡、村三级联动,大力宣传就业扶贫车间优惠政策,并调动85个行政村的就业扶贫信息员,充分挖掘辖区内符合条件的企业、合作社等群体,对有条件成立就业扶贫车间的实体,由人社、扶贫等部门组成工作队,深入实地开展考察、指导,详细解说优惠政策,鼓励创建就业扶贫车间,协助准备认定材料,就近就地开发务工岗位,鼓励吸纳贫困家庭劳动力就近就业。目前,全县共创建就业扶贫车间35个,吸纳1892人(其中贫困劳动力444人)就近就地就业,实现小车间带动大扶贫。

七 开发乡村公岗,安置就业一批

针对建档立卡贫困户中的大龄贫困劳动力、残疾人家庭劳动力、有重病患者家庭劳动力、有劳动能力的残疾人,就地就近开发一批具有公益性、临时性的乡村公共服务岗位(如就业扶贫信息员、道路维护员、河道治理员、农村保洁员、生态护林员等)安置就业,切实提高贫困劳动力的收入,防止返贫现象发生。目前,全县共开发乡村公共服务岗位2115个(其中生态护林员648个),"无法离乡、无业可扶、无力脱贫"的贫困劳动力实现在家门口就业。贫困群众通过劳动提高生产技能、增加工资收入,"劳动最光荣,幸福靠奋斗"的内生动力得到有效激发。

第二十一章
云南禄劝县农村危房科学识别与精准改造模式

第一节 目的与意义

2015 年 11 月 29 日，中共中央、国务院印发的《关于打赢脱贫攻坚战的决定》（中发〔2015〕34 号）指出："到 2020 年，稳定实现农村贫困人口不愁吃、不愁穿，义务教育、基本医疗和住房安全有保障（以下简称'两不愁三保障'）。"由此，"两不愁三保障"成为建档立卡贫困户精准脱贫的基本标准。其中，住房安全有保障是精准脱贫的硬性要求。住房安全有无保障，通常是基于农村房屋危险性而言的。2009 年 3 月 26 日住建部制定的《农村危险房屋鉴定技术导则（试行）》将房屋危险性等级分为 4 个等级：A、B、C、D。A 级是指房屋结构能够满足正常使用的要求，没有发现危险点，房屋结构安全；B 级是指房屋结构能基本满足正常使用的要求，个别结构构件处于危险的状态，但不会影响主体结构安全，基本满足正常使用的要求；C 级是指房屋部分承重结构已不能满足正常使用的要求，局部已出现险情，构成局部危房；D 级是指房屋承重结构已不能满足正常使用的要求，房屋整体已出现险情，构成整幢危房。在具体认定上，等级为 A、B 级的住房，属于安全稳固住房，视为住房安全有保障；反之，等级为 C、D 级的住房，属于危险房屋（即危房），视为住房安全无保障。因此，农村危房改造不仅是关系广大农村群众的民生工程，也是打赢脱贫攻坚战的重大工程。住建部、财政部、国务院扶贫办 2017 年 8 月 28 日印发的《关于加强和完善建档立卡贫困户等重点对象农村危房改造若干问题的通知》（建村〔2017〕192 号）明确提出"4 类重点对象农村危房改造力争到 2019 年基本完成，2020 年做好扫尾工作"的目标，这是确保我国打赢脱贫攻坚战的重要举措。

山高、谷深、坡陡、弯急、路险是禄劝县地势、地貌的真实写照，全县山区占总面积的 98.4%。县内海拔最高点为乌蒙山主峰马鬃岭，海拔 4247 米，最低点为普渡河与金沙江交汇处的小河口，海拔 746 米，相对高差 3501 米。特殊的高山峡谷区地理环境、恶劣的自然条件，使禄劝县的发展受到较大的限制，其贫困面广、贫困程度深。全县

189个村（居）委会中，贫困村达115个，其中深度贫困村83个。全县累计建档立卡贫困户为26083户，贫困人口为91586人，贫困发生率（这里指建档立卡贫困人口数占2014年农业户籍人口总数的百分比）达22.21%。在禄劝县脱贫攻坚战中，以住房安全短板最为突出，其危房数量多、改造难度大、实施成本高、群众接受修缮加固的意愿低等诸多问题层出不穷，成为脱贫攻坚的重点、难点和焦点，也是全面建成小康社会的最大短板和突出瓶颈。为此，2017年初以来，禄劝县委、县政府积极作为，审时度势，迎难而上，深入贯彻落实国家、云南省和昆明市扶贫政策，结合县情、村情、民情，把农村危房改造作为脱贫攻坚的重点工作来抓，创新性地全面开展农村危房改造，共完成农村危房改造54801户（占全县2017年农户总数的47.16%），闯出一条富有特色和成效的农村危房改造之路，探索出一套行之有效、值得借鉴和推广的农村危房科学识别与精准改造模式。

第二节　农村危房改造的具体做法

禄劝县近年来紧紧围绕"全面消除农村C、D级危房，让贫困群众尽早住上安全稳固住房"的目标，创造出"五层级识别、四类型改造、三统筹保障、两强化质量"的"5432"工作法，实现全县农村危房改造全覆盖。

一　"五层级"识别法，安居保障精准不漏一户

按照"全面摸排、专家审查、五级签字、村组公示"的方式，紧扣房屋外观、基础、屋面、墙体、梁柱五个重点，由乡镇（街道）对辖区内农村房屋全面摸排，提出初步名单；由12名外聘专家、13名县级职能部门技术人员组成专家队伍，进村入户、逐户核查；由户主、村民小组、村委会、乡镇（街道）、专家"五层级"全程参与人员在"农村危房精准核实认定表"上逐一签字确认，精准锁定C、D级危房。经公示无异议后，将识别出的农村C、D级危房需要改造的内容逐一列入改造清单，缺一项补一项，缺多项补多项，确定改造方案。同时，开展危房"示范识别"工作，把茂山镇德卡村打造成为C、D级危房识别示范点，对房屋结构形式、危房判定依据、危房等级分类和认定依据进行示范，统一危房认定标准。

二　"四类型"改造方式，因房分类施策重实效

实施一户一表（危房认定表）、一户一方案（施工方案）、一户一清单（工程量清单）、一户一承诺（自愿改造和执行政策承诺）、一户一协议（村委会、农户、施工方

三方协议）的管理机制，将农村危房改造对象划分为修缮、加固、拆除重建、政策兜底帮建4种类型，因房分类施策。一是对房屋结构基本完善、局部存在危险点的C级危房，采取修缮的方式，主要解决遮风避雨、阴暗潮湿的问题；二是对房屋结构不完善，加设钢屋架或采用钢丝网片、扁铁加固就可以满足抗震要求的C、D级危房，采取加固并同步实施修缮的方式；三是对墙体、梁柱危险点明显，飘摇欲坠，危险程度高，修缮加固后达不到安全稳固要求，或者修缮加固费用超过重建费用60%的D级危房，采取拆除重建的方式；四是对无经济来源、无劳动力的"双无"建房户，采取政策兜底帮建的方式，采用轻型钢结构、树脂瓦屋面，建设60平方米以内的保障房。同时，打造"示范样板"推动危房改造，将团街镇大木城村打造成两山墙"墙抬梁"示范点，示范木屋架和墙体混合承重（墙抬梁）房屋的危房改造方法；将中屏镇火本打村打造成钢丝网片加固危房示范点，重点示范如何解决危房承重墙有明显歪闪、局部疏松的问题；将马鹿塘乡长坪子打造成"土库房"加固示范点，重点示范如何解决危房墙体单独承重的土木结构房屋（土库房）加固的问题；将茂山镇大石头村打造成"轻钢木塑结构"拆除重建示范点，推广装配式工艺，重点示范如何解决建筑材料"二次搬运"成本高的问题。通过示范样板、现场观摩、群众评议等方式，每月都选取一个乡（镇、街道）召开试点示范现场推进会，采取电视、广播、微信等形式，多维度宣传农村危房改造政策、技术标准、资金补助等内容，真正让干部群众知晓、支持、参与，并加快推进农村危房改造。

三 "三统筹"保障，合力推进农村危房改造

一是统筹资金投入，按照"向上级争取一点、县级融资整合一点、建房户自筹一点"的思路，市级统筹中央和省级资金共投入16.25亿元，县级筹措资金3.40亿元，全面解决农村危房改造资金问题。

二是统筹建材供给。采取统购统供方式，统一水泥、钢材、砂石等建筑材料供应，由县级平台公司与昆钢集团、富民水泥厂签订统购协议，以低于市场价15%的价格供应钢材，以出厂价每吨优惠50元的价格供应水泥，在每个乡镇特批一个砂石料厂，以每立方米50元的价格低价供应。同时，统筹拆除重建农房老旧建材使用，由村委会统筹调配，保障修缮加固农房，有效降低危房改造成本，提高了资金的使用效益。

三是统筹施工力量。根据农村劳动力、群众积极性、道路通达情况，采取群众自建、干部帮建、施工单位统建的方式，统筹施工队伍，加大建筑工匠、技术人员、管理人员、驻村干部、农户培训力度，各乡（镇、街道）成立民兵义务建房队、党员互助建房队，协助劳力不足的自建户拆危房、建新房。规范施工程序，组织施工队伍，按照乡

（镇、街道）统筹、村委会组织、工程队实施的要求，在明确每个村委会施工队不得少于5支，每支施工队人数不得少于20人、改造任务不得超过70户要求的基础上，县级统筹2个施工单位5600余人，全县施工队总人数高峰时期达23900余人，组织开展培训18场1850人次，实现"懂技术、懂管理、懂建设"施工队伍、管理人员全覆盖，确保施工进度和工程质量。

四 "两强化"质量措施，确保达到安全稳固标准

一是强化安全设计。坚持选址安全、地基坚实、结构稳定、抗震强度满足要求的质量标准，抓住地基基础、承重结构、抗震构造措施、围护结构等分项工程的建设要点，县住建部门设计出各类抗震加固的图纸和从36平方米至108平方米的5种户型图（即36平方米、54平方米、72平方米、90平方米、108平方米），供施工单位和农户建设使用。

二是强化质量监管。针对农村危房改造面广、分散、技术指导力量不足的问题，村组干部、驻村工作队、包村领导全程监管，同时发挥专业监管的优势，在乡（镇、街道）聘请16个监理队伍的基础上，县级筹资聘请非官方机构的专业技术人员45人作为独立的第三方检测验收组，每个乡（镇、街道）派驻1个检测验收组；县住建局向每个乡（镇、街道）派驻一名专业技术人员，指导农村危房改造，全过程、无死角、零容忍监管，形成以专业化监管为主，各方力量共同参与的监管格局，确保危房改造后达到安全稳固要求。

第三节 农村危房改造的主要成效

一 农村危房识别与改造情况

2017年初以来，禄劝县紧盯全面消除农村危房的目标，对全县116213户农户逐户排查，共计识别出农村C、D级危房（包括四类重点对象和非贫困户）54801户，占全县农户总数的47.16%。其中，C级危房24100户，占C、D级危房总数的43.98%；D级危房30701户，占C、D级危房总数的56.02%。

通过近两年的精心分类改造，截至2018年12月31日，禄劝县危房改造工程共计已开工54801户，开工率100%；竣工54801户，竣工率100%；已验收和入住54801户，入住率100%。在"四类型"改造方式中，修缮（C级）18956户，占危房改造总数的34.59%；"加固+修缮"（C、D级）5783户，占危改总数的10.55%；拆除重建（D级）29515户，占危改总数的53.86%；兜底帮建（"双无"户）547户，占危改总数的

1.00%。

二　危房改造工程实施的扶贫效果

禄劝县由于高山峡谷区地形条件等诸多因素的制约，不但危房数量多，而且危房改造难度大、实施成本高，是脱贫攻坚战中最难啃的"硬骨头"。在省委、省政府和昆明市委、市政府的正确领导与强力支持下，禄劝县举全县之力，将解决农村危房问题、提升农村人居环境水平、保障农村群众住房安全作为脱贫攻坚的硬性指标，抢抓机遇，因地制宜，全域覆盖，全力攻坚，统筹农村人居环境水平综合提升，积极探索脱贫攻坚的农村危房改造精准模式，取得了显著的扶贫效果。全县2017～2018年共计改造农村危房54801户，加上2016年改造农村危房9669户，三年（2016～2018年）累计实施农村危房改造64470户，实现农村危房改造的全覆盖。经住建部门认定，全县建档立卡贫困人口91586人（含2018年脱贫建档立卡贫困人口55148人）的住房均达到了住建部门规定的"安全稳固、遮风避雨"的标准，符合贫困县退出考核中"无住C、D级危房情况，住房遮风避雨，房屋结构体系整体基本安全"的标准。不仅如此，由于禄劝县的危房改造覆盖了县域范围内的全部农户（包括建档立卡贫困户和非建档立卡户），有效地解决了关系全县农村群众的住房安全问题，全面提升了农村人居环境水平，改善了村庄落后面貌，为全县决胜全面建成小康社会大局、增进民生福祉、保障农民群众生命财产安全提供了基本保障，因而极大地提升了脱贫攻坚工作的群众满意度、认可度，群众的获得感也得到了提升。

结合产业扶贫、教育扶贫、健康扶贫等多种精准扶贫举措，禄劝县脱贫攻坚战取得了决定性的胜利：到2018年12月底，全县已累计脱贫25236户（89355人），剩余贫困户仅847户（2231人），贫困发生率降至0.54%，较2015年的22.21%降低了21.67个百分点，115个贫困村（含83个深度贫困村）均达到贫困村退出标准，已顺利退出。

第四节　农村危房改造模式的特色与亮点

禄劝县实施的精准危房改造模式，呈现许多特色、亮点和创新点。主要体现在：

一　科学识别与精准认定

禄劝县紧盯全面消除农村危房的目标，坚持"全域摸排、全面识别、精准认定"的原则，组建强有力的县级专家组、乡镇级指导组、村级工作队、村民小组工作组，依据住建部《农村危险房屋鉴定技术导则（试行）》、云南省住建厅《农村危房认定技术指南》等技术规范，科学地调查房屋危险性等级，准确地识别县域内危房的现状，全面地掌握危房底数，实现"乡不漏村、村不漏户、户不漏房"。在全面摸排、识别和认定中，聚焦农房外观、基础、屋面、墙体、梁柱等五个重点部位，对照标准表，查找隐患点，将结构基本完善、局部危险、外观破损的农房列为 C 级危房，将结构不完善、地基不稳固、墙体开裂透亮的农房列为 D 级危房，确保精准识别无差错。

二　分类施策，避免大拆大建

在科学识别和精准认定危房等级（C 级、D 级）的基础上，采取"因房分类施策重实效"的策略，合理地确定具体的危房改造方式。通常，对 C 级危房采取修缮加固的方式进行改造，而对 D 级危房则常常采取拆除重建的方式。为了推广低成本改造方式，有效避免因建房而致贫、返贫，住建部明确规定"原则上 C 级危房必须加固改造，鼓励具备条件的 D 级危房除险加固"；云南省亦规定"C 级危房原则上采用加固改造方式。D级危房通过加固改造可以达到抗震要求的，应当采用加固改造方式；通过加固改造达不到抗震要求的，应当拆除重建"。为此，禄劝县准确把握国家和云南省危房改造政策，结合县情，本着"能加固修缮的尽量加固修缮，切实避免大拆大建"的原则，对县内采取加固修缮措施就能达到安全稳固住房要求的 D 级危房尽量采取加固修缮举措，使村庄面貌焕然一新，既保留了传统民居的风貌，又达到房屋改造后的安全稳固目标。

三　重在三个统筹，既保证质量又节约成本

禄劝县突出强调"三个统筹"（统筹资金、统筹建材和统筹施工力量），合力推进全县农村危房改造。通过统筹资金投入，切实解决农村危房改造资金缺口。在统筹建材供给方面，采取统购统供方式，向农村危房户提供低于市场价格的水泥、钢材、砖、砂石料等建材，并将拆除重建户可再次利用的瓦片、木料等建材二次利用于修缮加固户，进一步减轻贫困户的负担。通过统筹施工力量，保障农村危房改造有充足的力量的同时，实施工匠管理，确保每个村均有熟悉农村危房改造工作流程和技术规范要领的技术骨干，有效地保障危房改造质量。

四　不增加贫困户的经济负担，同时还给予农户创收机会

禄劝县的危房改造工程自始至终尽量不给贫困户增加经济负担，还积极给予农户创收机会，增加农户收入，从而有效地避免了因建房而致贫或返贫。一是禄劝县充分调动农户的积极性，积极提倡和鼓励"农危改"农户积极参与本户的"农危改"工作，通过投工投劳，赚取 1000 元以上的劳动收入（即投工投劳拿报酬）；二是"农危改"农户

通过为县、乡组织的施工队伍提供餐饮服务，收取合适的餐饮服务费，促进增收。

第五节 农村危房改造模式的成功经验

一 上级党委政府和主管部门高度重视，是危房改造工程取得成功的前提和保障

在国家和云南省的统一部署下，昆明市委、市政府高度重视农村危房改造工作。《昆明市脱贫攻坚责任制实施细则》第二十九条专门规定，县级党委政府负责完成农村危房改造建设任务。聚焦建档立卡贫困户等4类重点对象，精准核实存量危房，统筹整合各级各类资金，科学实施危房改造，以县级为实施主体全面消除农村危房。在昆明市委、市政府的大力支持下，市级统筹中央和省级资金共投入16.25亿元，切实解决了禄劝县农村危房改造资金的缺口。此外，云南省住建厅、昆明市住建局专门派出专业技术人员进行精心指导，有力地保证了禄劝县危房改造的专业化和技术的精湛化。

二 县委、县政府高度重视，举全县之力重点推进，是危房改造工程取得成功的根本保证

针对农村危房改造这一突出短板，禄劝县委、县政府高度重视，2017年以来，将"农危改"作为全县打赢脱贫攻坚战的一项重点工程来推进，举全县之力，全员参与。一是全县的各级干部职工均参与到"农危改"工程中，监督并促进挂钩帮扶的贫困户积极开展危房改造，各脱贫攻坚战区的指挥长对所在乡镇的"农危改"负全责。二是县政府常务副县长亲手抓"农危改"工作，每周召开一次"农危改"调度会，会议形式多样，旨在查找问题、分析原因、强化措施、全力推进。三是自2016年全面开展脱贫攻坚工作以来，每周一次的脱贫攻坚例会都突出强调"农危改"工作，及时通报"农危改"进展，对"农危改"工作进行精心安排和部署，有力地保障了全县"农危改"工程的顺利实施。

三 积极开展各类业务培训和政策培训，是危房改造工程顺利实施的关键环节

为了顺利实施农村危房改造工程，禄劝县高度重视并积极组织开展农村危房改造的各类业务培训和政策培训。2017年共进行了18场1850人次的各类业务培训，2018年则主要进行政策宣传，共组织进行了13场2000多人次的政策培训。县委组织安排领导干部大讲堂和万名党员进党校的"农危改"专题学习活动，学习人员包括各级领导干部和

帮扶骨干。通过这些培训，县内各级干部和挂钩帮扶人员清楚地了解"农危改"政策和相关业务，进而对农户进行准确的政策宣传和业务引导，确保县、乡镇、村委会、村民小组和农户五级联动，有效地开展农村危房的科学识别和精准改造工作。

第六节　农村危房改造模式的启示与借鉴

一　值得其他县份学习和借鉴之处

禄劝县的农村危房改造工程无疑是成功的，其特色和亮点是突出的：危房的科学识别与精准认定；既保留传统民居风貌又达到安全稳固目标的分类施策型危改，避免大拆大建；既保证质量又节约成本的"三个统筹"；既不给贫困户增加经济负担又能给予农户创收机会的投工投劳型参与方式。这些特色和亮点值得云南省内其他贫困县乃至其他省份类似贫困地区学习和借鉴。

二　对更高层面的政策制定具有一定的现实意义

近年来，禄劝县在农村危房改造上的成功做法已得到省、市两级的认可，并在逐步全省范围内推广。2015 年 10 月，昆明市"农危改"启动仪式在禄劝县翠华镇举行；2017 年 10 月 26 ~ 27 日，昆明市农村危房改造脱贫分指挥部组织的"全市农村危房改造推进工作暨加固改造现场会议"在禄劝县召开，与会代表现场观摩了禄劝县中屏镇中屏村委会火本村小组、撒营盘镇芝兰村委会本增村小组农危改示范点；2018 年 7 月 9 ~ 10日，云南省脱贫攻坚领导小组组织的"全省农村危房改造现场推进会"在昆明市禄劝县召开。全省各州（市）和部分县（市、区）党委、政府分管领导，住建和扶贫部门负责同志共 180 余人参加了会议，会议期间，与会代表参观了禄劝县撒营盘镇芝兰村委会本增村、中屏镇中屏村委会火本村农村危房改造工作。此后，省内许多县（市、区）纷纷到禄劝县危房改造示范点进行观摩和学习。

此外，北京市住建委调研组于 2018 年 4 月 11 ~ 12 日莅临禄劝县，深入禄劝县皎平渡镇永善村委会永善大村村小组、中屏镇中屏村委会火本村小组和团街镇运昌村委会大木城村小组调研农村危房改造工作。

2017 年 12 月 6 日，全国农村危房改造绩效评价工作在禄劝县中屏镇中屏村委会火本村小组进行现场试评，国家住建部村镇司王旭东副司长、村镇司农房处陈伟处长等领导和有关省（区、市）的专家 70 余人现场指导、观摩禄劝县的农村危房改造工作，认为禄劝县的农村危房改造工作做到了认识到位、组织到位、示范到位、监管到位。

第六篇

精准帮扶与监督管理模式

第二十二章
北大"1+8+N"帮扶机制助推弥渡精准脱贫模式

弥渡县位于云南省西部，大理白族自治州东南部，地处全国14个集中连片特殊困难地区之一的滇西边境山区，国土面积1523平方千米。这里年均降雨量不足800mm、资源性缺水严重，坝区面积不足9%、山区和半山区生产生活条件落后，是全国扶贫开发工作重点县之一。居住着汉、彝、白、回、佤等24个民族的人民，总人口32.9万人，少数民族人口占全县总人口的11%。现有党员14459名，基层党组织1316个，其中基层党委28个、党总支119个、党支部1169个。全县辖6镇2乡89个行政村（社区）1153个自然村（组）。2014年全县识别出贫困乡镇4个，贫困村52个（其中深度贫困村34个），建档立卡贫困人口18244户69078人，贫困发生率25.26%。通过多次动态管理，2019年底全县建档立卡贫困人口17533户69537人。2019年，全县完成生产总值64.6亿元，增长7%；完成一般公共预算收入4.53亿元，增长10%；完成一般公共预算支出26.5亿元，增长9.5%；城镇居民人均可支配收入达35244元，增长9%；农村居民人均可支配收入达11013元，增长10.2%。

自2013年承担定点帮扶弥渡县工作以来，北京大学以习近平总书记有关脱贫开发的系列重要论述为指导，在教育部的统筹领导下，依托自身资源禀赋，探索启动了"1+8+N"帮扶工作新模式，实施精准扶贫，携手弥渡共同发展、共圆中国梦。在宏观层面，由学校统筹协调，引导人才、教育、科技、文化、医疗等各类扶贫资源优化配置；在微观层面，由8个院系与弥渡县下辖的8个乡镇分别建立定点结对帮扶机制，在实现扶贫工作全县覆盖的同时，力求做到"对症下药、精准滴灌、靶向治疗"，有力地助推弥渡脱贫攻坚事业的发展。

第一节　基本做法

一　强化对口帮扶组织保障

（一）强化领导——党委重视

学校党委始终从政治和全局的高度认识做好定点帮扶弥渡工作的重大意义，主要领导亲自部署和推进相关工作。学校党委书记邱水平专门听取学校定点扶贫工作汇报，提出了新的明确要求和意见，并亲自深入弥渡了解实际情况，对接、推进工作。郝平校长多次强调北大的帮扶工作要发挥北大的特色，注重实效，并亲自部署落实相关帮扶举措。学校领导班子其他成员，以多种形式参与扶贫工作，先后多次赴弥渡县考察、调研，走访了全县的 8 个乡镇及中小学、幼儿园、企业、医院等 30 余个单位。

（二）因地制宜——院系给力

为了进一步加强学校党委对定点扶贫工作的统一领导，着力做好顶层设计和整体统筹。学校党委常委会议专题研究定点扶贫工作，并审议通过了《关于进一步加强北京大学定点扶贫工作的意见》，从智力扶贫、文化扶贫、产业扶贫、消费扶贫等方面进行深入的部署；为更加有力地调动学校各方的力量、及时将学校关于定点扶贫最新精神和举措落实到位，扶贫工作办公室适时召开定点扶贫工作座谈会，承担定点扶贫任务的 8 个院系及有关部门负责同志参会，系统研讨、部署、推进下一阶段的扶贫工作。

（三）智志相扶——人才支持

2013 年 10 月 24 日，北大与弥渡县正式签署"北京大学 - 弥渡县人民政府对口帮扶协议"，学校专门成立了由校长、书记挂帅的对口帮扶工作领导小组，并将定点扶贫工作纳入学校"十三五"规划和"甘霖计划"，开通"人、财、物"绿色通道，安排对口帮扶专项经费。先后派出高翔、史楠、杨学祥、王菲、郭洪亮 5 名干部挂职弥渡县副县长，尤宇川、张晓东、魏培徵 3 名同志到弥渡贫困村担任第一书记。挂职干部勤奋敬业，以县为家，受到当地干部群众的欢迎与肯定。7 年来，北京大学高度重视对口帮扶工作，学校领导在战略研讨会等重要会议上多次专题研讨该项工作，并主持召开对口帮扶弥渡县工作交流会。北京大学党委书记邱水平、校长郝平、原党委书记朱善璐、原校长林建华等学校主要领导同志及班子成员先后带队深入弥渡县调研定点扶贫工作。弥渡县也多次组织党政干部、医务工作者、教师赴北大学习，北大对多批党政干部研修班的食宿和学习费用全部减免。北大人更是将关怀的身影留在了远方的大山深处。高翔、史楠、杨学祥、王菲、郭洪亮、尤宇川、张晓东、魏培徵，一位位北大人的名字，深深地刻在弥渡人心里。

二 强化对口帮扶制度保障

按照扶贫工作"强化责任、重心下移、分工落实、全县覆盖"的目标，学校启动了"1 + 8 + N"帮扶工作新模式，即 1 所学校统筹协调全县对口帮扶，光华管理学院等 8 个院系分别定点对口帮扶县弥渡下辖的德苴等 8 个乡镇（见表 22 - 1），形成各具特色的帮扶思路和举措。其中，光华管理学院、经济学院、国家发展研究院主要侧重于调动、整合校友及社会资源等；信息科学技术学院、工学院主要侧重于产业帮扶；国际关系学院、艺术学院主要侧重于文化帮扶等；法学院主要侧重于法律援助等。8个学院分别安排院领导专人负责，确保责任到人，任务落实，支持帮扶对象融资融智、兴业脱贫。

表 22-1　北大8个学院对口帮扶弥渡县8个乡镇一览

北京大学责任单位	对口帮扶弥渡县乡镇
光华管理学院	德苴乡
经济学院	苴力镇
国家发展研究院	牛街乡
艺术学院	密祉镇
法学院	弥城镇
信息科学技术学院	寅街镇
工学院	新街镇
国际关系学院	红岩镇

三　多元扶贫成效"遍地开花"

（一）教育帮扶——培养人才

充分调动全校资源，多管齐下开展教育帮扶工作。一是开设"北京大学弥渡讲坛"，将最新的、一流的发展思维和管理理念带给弥渡。北京大学各院系每月轮流选派1名专家学者赴弥渡授课，目前已开展20期，累计培训7000多人次。二是抓实干部培训，努力为弥渡培养适应脱贫攻坚新形势、新要求的管理干部和专业技术骨干。北京大学先后为165名县、乡级领导干部，12名骨干教师，8名卫生技术人员开班培训。开设"博雅耕读乡社"乡村干部培训项目，手把手传授实践经验，培育致富带头人，引入有机生态农业综合体，带动贫困户务工增收。三是培养师资，努力改善弥渡基础教育落后的现状。北大附中接收弥渡县一中、二中10余名教师来校跟班学习、交流，帮助弥渡县教师更新教育理念、改进教学方法、提高教案设计水平。四是选派学生支教。在团中央、云南省团省委的支持下，北京大学先后安排6批共计19名学生赴弥渡一中支教，每批为期一年。

（二）医疗帮扶——济世惠民

充分发挥北京大学医学学科优势，开展一系列医疗领域帮扶工作，提高弥渡县医疗卫生服务水平。一是帮助完善规划。北京大学医学部领导多次赴弥渡县调研医疗卫生工作，提出具体的指导意见，完善弥渡县三级医疗体系发展规划。二是加强业务指导。北京大学第一医院团委书记、党院办副主任史楠挂职弥渡县副县长，北大还先后选派附属医院两批共计 40 名医生赴弥渡义诊、会诊，为群众免费诊疗超过 1500 人次，并结合具体病例开展专题讲座，指导医疗科室建设工作。三是培养医疗人才。安排 8 名弥渡县医院卫生技术人员到北京大学第一医院、北京大学人民医院、北京大学第三医院进修，提高专业技术水平。依托"互联网＋"理念，为弥渡县量身定做并无偿捐赠基层医生培训项目及"诠医通"健康宣教项目。四是引入惠民工程。协调卫计委重大专项"脑卒中筛查与防治工程"落户弥渡，经费共计 800 余万元。五是协调中国人口福利基金会和北京大学妇儿保健中心的保健项目落地弥渡，重点支持弥渡县妇幼保健事业。

（三）文化帮扶——凝心聚力

充分发挥文化艺术领域学科优势，大力开展文化帮扶。一是打造花灯文化品牌。挖掘散落于民间的 200 余个经典花灯曲目，整理曲谱手稿，由学生合唱团从中精选并组织演奏，由学生舞蹈团帮助群众演员彩排和演练，指导密祉花灯广场的提质改造，营造独具魅力的花灯节形象。二是记录、展示茶马古道风光。北京大学组织 16 位中国画画家深入弥渡，在十余天的时间里创作了 24 幅作品，并举办"从燕园到弥渡"中国画写生作品展。三是举办书法名家进校园活动。在教育部语言文字应用管理司的大力支持下，北京大学书法艺术研究所组织名师团队赴弥渡县开展"书法名家进校园"系列活动，普及汉字书写教育，展示书法魅力。四是创作花灯戏曲主题舞蹈。基于在弥渡发掘整理花灯曲目的经验与成果，北京大学学生舞蹈团创作了舞蹈《娉娉然》，并在首届北京市大学生舞蹈节上获得银奖，对在全国范围推广弥渡形象起到重要作用。

（四）文化产业发展——出谋划策

北京大学组织文化产业等相关专业的师生围绕文化产业发展的中心议题赴弥渡调研，就如何整合文化资源、如何进行文化产业开发、如何打造特色旅游小镇、如何结合文化产业推动脱贫等组织专题交流，提出了具体的思路和建议。北京大学派出代表团前往密祉镇走村访户，挖掘故事，拍摄微电影，制作宣传片，通过网络传播推广，同时设立"北京大学艺术学院师生艺术创作教学实践基地"，多次组织采风、创作和写生，并协助密祉镇进一步完善特色小镇规划。

（五）采购帮销——消费扶贫

2019 年，学校继续推进消费扶贫工作。针对弥渡县特色农产品"卖难"的问题，协调对接第三方合作伙伴，如京东、本来生活、社员网、从禾（上海）农业发展有限公司等，帮助弥渡县的大宗农产品上网销售，拓宽销售渠道，助力县域农产品品牌创建、农产品销售和产业发展，累计销售弥渡县土豆、南瓜、蒜苗、大蒜、核桃、梨、柑橘等 27 个品类特色农产品 3000 余万元。通过在学校举办消费扶贫展览、在方正集团举办"汇爱·致富"消费扶贫大集等活动，向师生和社会推广弥渡县农产品。10 月，弥渡县特色酸腌菜走入北大食堂，被端上师生餐桌。此外，北京大学燕园街道办事处计划在辖区内设立弥渡县农产品展示专柜，帮助拓展农产品销售渠道，带动农民增收、企业增效，以消费扶贫助力脱贫攻坚。

（六）多方引援——助力发展

对口帮扶7年多来，北京大学累计为弥渡投入帮扶资金11035余万元，引进帮扶资金2亿多元，协调落地重大项目10余项。学校通过国家发展和改革委员会争取落地库容1200万立方米，投资1.7856亿元资金建设彭家庄中型水库，以解决全县的储备饮用水源问题。帮助德苴乡争取花渔洞光伏提水工程项目，到位资金1000万元，解决德苴乡近1万名村民和1333.33公顷耕地的生活、生产用水问题；学校捐赠图书31000余册，并设立10所"博雅图书室"；组织动员北大方正集团、北大先锋科技有限公司开展滇西扶贫开发，帮助弥渡一中组建"博雅自强班"。协调各方资源捐款资助特困教师、建设"梦想中心"、开设"梦想课堂"等。

第二节　经验和启示

打赢脱贫攻坚战是党中央对全世界做出的庄严承诺。打好脱贫攻坚战既要谋划目前遇到的现实问题，也要立足长远考虑建立长效机制，需要我们深入学习贯彻习近平总书记关于扶贫工作的重要论述，进一步压实责任，尽锐出战，决战决胜。

一　坚决贯彻落实党中央精准脱贫攻坚战的重大决策部署，是打赢脱贫攻坚战的政治保证

对标中央精神、对标脱贫攻坚实际，精准理解、精准把握国家脱贫政策，严格执行中央脱贫标准，既不能降低标准、影响质量，也不要调高标准、吊高胃口，特别要防止在兜底扶贫中出现"福利陷阱"的问题。

二　强化产业扶持增强发展致富后劲，是打赢脱贫攻坚战的关键所在

一是立足贫困地区资源禀赋，聚焦扶贫项目，实现资金精准投入、精准使用，保证产业扶贫项目精准带动、脱贫任务精准量化。

二是完善产业扶贫模式。培育壮大贫困地区种养大户、农民合作社、龙头企业等新型经营主体。

三是培育重点龙头企业，发展扶贫重点项目，推动集体经济发展，利用企业与农户整体流转、保底分红、折股分红等利益联结方式，发挥辐射效应，形成可持续致富的新

局面。

三 用好扶贫政策构筑全社会的扶贫体系，是打赢脱贫攻坚战的政策保障

一是统筹用好行业政策。围绕"两不愁三保障"，紧盯兜底保障部分贫困户，充分利用国家及地区教育、医疗、住房、生态、光伏等扶贫政策。

二是探索扶贫新模式，打造社会扶贫工作体系，汇集社会力量助力脱贫，形成全社会参与扶贫的新格局。

三是扶贫与扶志、扶智相结合。精心编排以脱贫攻坚、扶贫扶志为主题的优秀文艺作品进行巡演，激发贫困群众脱贫致富的内生动力，促使他们形成自力更生、艰苦奋斗的意愿，并行动起来。

四 夯实脱贫成效，是实施乡村振兴战略的基本前提

一是按照产业兴旺、生态宜居、乡风文明、治理有效、生活富裕的总要求，建立健全城乡融合发展体制机制和政策体系，加快推进农业农村现代化。

二是将短期的脱贫目标与长远的乡村振兴目标结合起来，参照乡村振兴战略的要求，从生产、生活、生态、社会、政治五个方面着手，整体推进乡村发展。

三是不断推动休闲农业与乡村旅游业发展，充分凸显将绿水青山转化为金山银山的优势，为乡村发展提供绵绵不绝的内生动力。

第二十三章
四川平武县三大体系补齐
脱贫攻坚"精神短板"模式

龙州大地，广袤沃土，文明乡风劲起，美丽乡村入画。近年来，平武县委、县政府始终着力建设村规民约、道德评价、乡风监督"三大体系"，以健全自治、法治、德治"三治合一"的乡村治理体系，践行社会主义核心价值观，着力培育文明乡风、良好家风和淳朴民风，建设优美环境，培养新型农民，繁荣农村文化，不断丰富广大农民群众的精神家园，提升农民群众的精神风貌。

自"三大体系"建设工作开展以来，平武县响岩镇的廖文、龙安镇的李海燕和公安局的胡启飞等10余人分别被评为"全国孝亲敬老之星""感动绵阳十大人物"和"道德模范"等。各乡镇评选"五星级文明户"3000余户，评选各类"脱贫之星""孝顺之星""清洁卫生户"5000余户，农村村容村貌有了显著改善，人居环境干净整洁，乡村文化蓬勃发展，孝老敬亲、诚实守信、知恩感恩、自立自强的人越来越多，全县文明习惯、社会风气有了很大的好转，干群关系和谐，群众精神饱满，文明乡风正在形成，为打赢脱贫攻坚战、乡村振兴凝聚了磅礴力量。

第一节　坚持问题导向找准乡风文明建设"痛点"

环境脏乱差、婚丧嫁娶陋习难改、好吃懒做盛行……随着经济社会的逐步发展，与广大农村道路基础设施等"硬件"改善形成鲜明对比的是，乡风文明"软件"建设严重滞后。若不及时采取切实有效的措施，乡村就难以焕发勃勃生机，保持井然的秩序。

近年来，平武县因地制宜，狠抓农村精神文明建设，不少地方乡风文明建设有了新的起色。但是，由于平武地处山区，幅员辽阔，民族众多，仅靠单一的评选文明户的做法很难有效地引领各地的文明乡风建设，只有全面、系统地抓好以村规民约、道德评价、乡风监督为重点的"三大体系"建设，才能既"治标"又"治本"。

在全面推进"三大体系"工程建设前，平武在锁江羌族乡槐窝村和南坝镇党家沟村进行了试点。两块"试验田"的试点工作为全县分批次、纵深推进该项工程积累了宝贵的经验。平武在前期充分调研的基础上，印发了《在全县开展"三大体系"建设促进乡风文明建设工作的通知》，为全县各地开展"三大体系"建设工作提出了指导性意见。

在推进"三大体系"建设过程中，平武要求坚持四个指导原则：坚持群众主体，充分宣传发动群众、教育引导群众，始终以人民群众为主体，让人民群众唱主角；坚持问题导向，查找本地在乡风文明建设等方面存在的突出问题，紧密结合脱贫扶贫与扶志、扶智相结合的要求予以解决；坚持简便易行，始终突出针对性、操作性、实效性使之可以长期坚持，可以广泛推广；坚持载体多样，将文明与文化结合，积极开展丰富多彩的文化活动，以让群众喜闻乐见的文化活动去凝聚群众、宣传引导群众。

同时，县级层面科学的顶层设计，也为乡镇、村两级结合自身实际情况推进"三大体系"建设提供了很好的依据，有效地防止"一刀切"现象，而乡、村两级又可结合自身实际作出"自选动作"。

第二节　坚持全面系统破解乡风文明建设"难点"

"槐窝儿女孝当先：要孝敬长辈、赡养父母；为人处世诚立身：要言而有信、说到做到……"这些简洁、务实、管用、易记的话语是试点村槐窝村反复修改后制定的村规民约。为确保村规民约真正"易记、易懂、易行"，帮扶部门与县乡等相关工作人员一起反复沟通，前后修改了10多次。

简洁、务实、管用、易记的村规民约是"三大体系"建设中极其重要的一环，也是涵养村风民风的关键之一。《在全县开展"三大体系"建设促进乡风文明建设工作的通知》要求，必须充分调动当地群众的积极性并结合脱贫攻坚、乡村振兴、文明创建等重点工作来制定村规民约；要围绕家风、民风和乡风建设，将爱清洁讲卫生、诚实守信、勤劳致富等内容纳入其中。同时，平武县还要求通过文艺小分队宣演等形式，对村规民约进行解读宣讲、表扬示范、教育引导，营造良好氛围。

紧随村规民约建设之后的是道德评价体系建设：以遵守村规民约为基础，对村民在文明乡风、良好家风、淳朴民风等方面的实践进行评议和评选，让这一过程成为村民自我教育、自我管理的过程，使道德评价具体化、项目化、品牌化。在评议、评选中坚持正向激励为主，形成人人争当道德标兵的良好氛围。

在乡风监督体系建设方面，通过采取购买社会化服务或由村级组织聘请的方式选聘文明乡风监督员，对村民遵守村规民约和文明乡风实践活动进行指导和监督。文明乡风监督员主要由在乡、村范围内挑选离退休的老干部、德高望重的老同志、有正义感和公信力的村民来担任，发挥"监督员、宣传员、连心桥"的作用，以好的党风、政风带动文明乡风、良好家风、淳朴民风的形成。

村规民约体系、道德评价体系以及乡风监督体系形成一个闭环，为平武落地乡村振兴战略提供了切实有效的路径。平武县相关负责人表示，"三大体系"将不断有所创新并积极吸收城市文化乃至其他民族文化中的积极因素，针对乡村建设中的"痛点"拿出有效的解决方案，以形成积极、健康、向上的社会风气和精神风貌。

第三节　"育""选"并举疏通乡风文明建设"堵点"

在平武县豆叩镇荣华村，随处都可以看到房屋墙壁上以"乡风文明建设"为主题的宣传画。无论是游客还是村民，只要路过，都会在不知不觉中接受传统道德的浸润。

而这些宣传画更是在村民们的心里烙下了深深的印记。荣华村先后涌现出多个星级文明户、清洁卫生户等先进典型，努力争创文明户，争做知礼明德好群众的氛围也日益浓厚。一大批乡村道德模范不断涌现，切实推进了村民自治，深化了精神文明创建。

平武以文化院坝、密集院落为载体，集中制作了一批宣传社会主义核心价值观、孝老爱亲、勤劳致富的宣传画和展板，向群众传递正能量；农民夜校、院落会、坝坝会邀请"道德模范""致富能手"从自身角度宣讲党的十八大以来的新气象、新变化、新成就等。

同时，平武以文明村镇创建为抓手，深入开展身边好人、道德模范、"十星级文明户"、"十佳文明乡村"、"十佳文明窗口"和最美家庭、最美儿媳等先进典型评选活动，申报市级文明家庭 5 户、市级文明村 10 个，设立农村精神文明建设工作示范点——"三新村"。通过这一系列的评比活动，"选"出了新楷模。

"要充分调动广大群众参与村级管理、参与幸福美丽新村建设的主动性和积极性，为实现乡村振兴提供强大正能量。"平武县相关负责人说道。培育乡风文明，可以引导农民在思想观念、道德规范、知识水平、素质修养及行为操守等方面继承和发扬民族文化的优良传统，最终把民心凝聚在希望的田野上。

第四节　做实"三大工作"夯实文明基础"重点"

为了更好地夯实乡风文明建设的基础，平武县从开始抓"三大体系"建设以来，自始至终坚持以群众为主体，因地制宜，注重问题导向，为农村乡风文明建设增添新内涵。

在乡风文明建设中，群众是主体。平武县始终坚持以当地群众为中心的发展理念，坚持群众主体，激发群众的内生动力，充分宣传发动群众，教育引导群众，体现人民群众的主体地位，让群众的心热起来、手动起来，始终让人民群众为主体，让人民群众唱主角，在辛勤劳动中收获自尊、收获信心。

针对不同区域的民风民俗不同等特征，平武县坚持因地制宜，重视突出地方特色。将当地人民群众最认可的、具有地标性的、有良好传统的好民风、好家风进行梳理，并予以总结和强化。例如，徐塘羌族乡杨柳村一直有制作羌族特色豆腐的传统文化，该村在梳理时将勤俭持家、清白做人作为好民风予以巩固和弘扬，并在 2018 年 5 月举办了"不忘初心、清白做人"乡村文化旅游节，大力弘扬清廉之风。

此外，在"三大体系"建设过程中，平武县注重问题导向和目标导向相结合，针对广大农村存在的环境卫生、大操大办、封建迷信和"等、靠、要"的思想等乡风文明建设中存在的问题，由村"两委"组织，通过坝坝会、村民代表会等形式，发动群众查摆、讨论本地在乡风、家风、民风方面存在的突出问题，找准乡风文明建设的切入点和着力点，使之更有针对性、操作性。

例如，2018 年 9 月 13 日，平武县法院公开开庭审理了一桩"80 岁老人孤死家中，五子女未尽到赡养义务"的案件，分别判处有期徒刑两年到一年六个月、缓刑两年不等，让其子女既受到道德的谴责，又受到法律的制裁。平武县将此案件刻录成 260 余张光碟分发到全县各个村，教育引导群众孝老敬亲、遵纪守法，树立文明新风尚。

第五节　丰富"三大"载体筑牢脱贫攻坚"支点"

平武县在建设"三大体系"、推动乡风文明建设工作中，杜绝空洞说教，而是通过文艺宣演、农民夜校、干部帮带等多种方式进行。

平武全县 25 个乡镇和县文化馆、县"春之声"艺术团、县职业中学共成立 28 支文艺宣演小分队，以学习贯彻党的十九大精神、建设文明乡风为主要内容，创编《扶贫路上赶春光》《形成好风气》《幸福虎牙》《十九大报告暖心窝》等富有乡土气息、符合时代特征的群众喜闻乐见的歌舞、小品、快板、三句半等文艺作品 30 余个，深入乡镇、村开展文艺宣演活动 150 余场。在宣演中，特别注重宣传脱贫攻坚政策、各种先进典型，全面推进社会主义核心价值观与脱贫攻坚、乡村振兴的一体化建设，提升农民精气神，为文化扶贫凝心筑魂。

平武县各乡镇党委将"农民夜校"作为提高群众思想水平、培育良好乡风的重要载体，将乡风文明作为"农民夜校"五大课程之一，通过宣传身边的先进典型，传递正能量，弘扬真善美，传播文明新风。同时，组织村社干部、群众代表等，到高村乡民主村、豆叩镇银岭村等地，实地学习文明乡村建设经验，既开阔了眼界，又提升了思想认识、文明素养。

在脱贫攻坚中，平武县坚持乡风文明建设与扶贫结对帮扶相互结合、相互促进。在帮扶过程中，每名干部都要帮扶几户贫困户，联系几户非贫困户，向老百姓宣传文明卫生知识、文明行为习惯养成等，重点宣传清洁环境卫生、孝老敬亲、感恩奋进等方面。对环境卫生等做得比较差的，由帮扶干部和群众共同打扫、整理、收拾，带着群众干，做给群众看；对不赡养父母的，帮扶干部动之以情、晓之以理，通过召开家庭会议、完善赡养协议、调解矛盾纠纷等方式，促进家庭和谐、子女孝顺，收到了很好的效果，仅豆叩镇就签订赡养协议60余份，不仅强化了子女赡养老人的法律义务，更逐步形成孝老敬亲的良好风气。

而今，无论你走在平武的藏乡还是在羌寨，无论是来到高山还是到平地，只见平武县农村涌现出一批又一批文明清洁户、孝老敬亲户、勤劳致富户、遵纪守法户。高村乡"做文明村民，创美好家园"已成为群众共识。代坝村徐家三兄弟用"背篓上的爱"孝顺父母、黄羊关藏族乡七旬老人杨正德自创《扶贫歌》唱给党听、水晶镇竹柏村盲人陈习华种植6.67公顷的中药材等典型事件层出不穷。平武"三大体系"建设工作的开展，强势推动平武打赢脱贫攻坚战，为绵阳加快建设中国科技城和西部现代化强市贡献平武力量。

第二十四章
云南寻甸县"三讲三评"激发内生动力扶贫模式

第一节 研究目的与意义

脱贫攻坚现已进入决胜阶段,尚未脱贫的区域均为自然条件极差、发展水平极低的地区,如何让这些地区摆脱贫困,应该用怎样的扶贫模式解决脱贫攻坚难题,关乎我国能否打赢脱贫攻坚战,兑现向全世界做出的庄严承诺。

从脱贫攻坚动力产生的主体来看,有两方面的推动力:一是外力,二是农户内生动力,即"输血"和"造血"。从短期来看,贫困地区因历史发展等原因,依靠内生动力无法摆脱贫困,需要外力推动奠定基础,进而激发其内生动力;从长期来看,除极少数由于残疾、年龄等因素无法依靠自身生产脱贫外,绝大多数农户要维持脱贫成果,进一步改善生活,只依靠外力推动是不可持续的,必须依靠其内生动力。因此,为使脱贫攻坚成效可持续,经得起历史的检验,内生动力是根本。特别是在脱贫攻坚决胜期,由于贫困户生存条件恶劣,自身劳动技能不足,思想觉悟不高,通过怎样的扶贫模式激发其内生动力以摆脱贫困是我们必须认真探讨的课题。

综合分析近年来有关精准扶贫激发内生动力问题的文献可以发现,其研究基本上都集中在对激发内生动力重要性的研究、内生动力的理论基础、内生动力不足的原因、激发内生动力的方法措施和实现路径等方面,而少有对我国实施精准扶贫政策以来典型贫困县在激发内生动力问题上形成的成功模式的系统研究和经验分析。寻甸县地处云南省东北部,是一个集"民族、贫困、山区、老区"四位一体的国家级贫困县,属于我国乌蒙山区38个连片开发县之一,2014年全县贫困发生率达26.93%。经过几年的精准扶贫工作,2017年末全县贫困发生率降至0.35%,在全省率先脱贫,并能持续稳固脱贫成果,2018年该县贫困发生率又降至0.25%。这虽然涉及众多的成功因素,但与其独特的"三讲三评"激发内生动力扶贫模式是分不开的。本章对寻甸县"三讲三评"激发内生动力扶贫模式进行系统研究,并将其中的宝贵经验进行分析、凝练,找寻该模式的内在机理,并对推广该模式的可行性进行探讨,以期为我国脱贫攻坚事业和全球减贫提供参考和借鉴。

第二节 "三讲三评"激发内生动力扶贫模式的由来

"三讲三评"激发内生动力扶贫模式由寻甸县独创,并逐步推广到昆明市乃至云南省。

2017年11月15日,中共寻甸回族彝族自治县委组织部、寻甸县"挂包帮""转走访"工作联席会议办公室印发了《关于开展脱贫攻坚"双讲双评"活动的实施方案》(寻组联发〔2017〕27号),正式将《关于开展脱贫攻坚"双讲双评"活动的实施方案》(寻组联发〔2017〕27号)印发给各乡镇(街道)党委(党工委)、县委各部委、县级国家机关各办局党组(党委)和总支(支部)、各人民团体党支部、特色产业园区党工委、各国有企业,要求从2017年第4季度开始实施"双讲双评"活动。"双讲双评"的对象是各级各部门选派到各贫困村(社区)的党总支第一书记和驻村扶贫工作队员、全县建档立卡贫困户;"双讲双评"的内容是"讲帮扶措施、评帮扶成效"(第一书记和驻村扶贫工作队员)、"讲脱贫情况、评内生动力"(建档立卡贫困户)。自2017年10月份试点启动"双讲双评"活动以来,寻甸县将扎实开展"双讲双评"活动作为全面决战决胜脱贫攻坚的有力抓手,压实讲评责任,突出讲评实效,扎实推进"双讲双评"活动,为全县如期打赢脱贫攻坚战奠定了坚实基础。

2017年12月7日,昆明市农村扶贫开发工作领导小组办公室、昆明市"挂包帮""转走访"工作联席会议办公室印发了《关于在贫困县区开展脱贫攻坚、"双讲双评"活动的通知》(昆贫领办〔2017〕19号),要求东川区、禄劝县、寻甸县、倘甸与轿子山两区管委会,市级各帮扶(挂联)单位在贫困县区驻村(社区)第一书记、驻村工作队员和建档立卡贫困户中广泛开展"双讲双评"活动。

2018年7月11日,针对一些地方存在不同程度的畏难厌战情绪、"等、靠、要"的思想等问题,为促进驻村工作队员充分发挥作用,督促村组干部主动履职担当,激发建档立卡贫困户勤劳脱贫的内生动力,中共云南省委组织部印发了《关于在贫困村开展"三讲三评"工作的通知》(云组通〔2018〕51号)。"三讲三评"的对象是驻村扶贫工作队员、村组干部、建档立卡贫困户;内容是:"讲帮扶措施(驻村扶贫工作队员)、评帮扶成效(村组干部、建档立卡贫困户)""讲履职情况(村组干部)、评工作成效(驻村扶贫工作队员、建档立卡贫困户)""讲脱贫情况(建档立卡贫困户),评内生动力(驻村扶贫工作队员、村组干部)"。由此,寻甸县独创的"双讲双评"激发内生动力扶贫模式由寻甸县率先推动实施,并先后上升到昆明市和云南省层面,从"双讲双评"演化为"三讲三评",成为全省在脱贫攻坚中的一大亮点。

寻甸县从最初探索"双讲双评"激发内生动力扶贫模式上升到省级层面的"三讲三评"激发内生动力扶贫模式,探索出一套符合基本县情和贫情的具体工作模式。工作由乡镇(街道)党(工)委统筹,并由乡镇(街道)挂包贫困村的领导班子成员负责落实。每一轮都对驻村扶贫工作队员、村组干部、建档立卡贫困户全覆盖讲评,并下沉到村民小组一级,乡镇(街道)挂包贫困村的领导班子成员每月到所挂包贫困村1次以上,每次带领村干部深入2~3个村民小组主持开展"三讲三评"工作。

第三节　"三讲三评"激发内生动力扶贫模式的具体做法

一　讲评的"程序"

做好前期准备。村组干部、驻村扶贫工作队员要根据"讲评"内容,紧扣群众关心的事,特别是在脱贫摘帽工作中的难点,广泛听取意见和建议,找准讲评重点,想好解决问题的办法和措施,做好讲评准备工作,理好讲评提纲。村(社区)党总支、驻村扶贫工作队要引导贫困户围绕"讲脱贫情况"主要内容,细致梳理自身脱贫情况,诚实守信讲述自己的脱贫历程。村(社区)召开会议,研究确定"三讲三评"工作会召开时间、地点、参会人员、讲评方式等,及时通知参会人员。

召开"讲评"会议。驻村扶贫工作队员讲帮扶工作情况,村组干部、建档立卡贫困户对其帮扶成效情况进行评议;村组干部讲履职情况,驻村扶贫工作队员、建档立卡贫困户对其履职情况进行评议;建档立卡贫困户讲脱贫情况,驻村扶贫工作队员、村组干部对其脱贫内生动力情况进行评议。

开展民主测评。在讲评工作会上,结合实际进行民主测评,按照"好、较好、一般、差"4个等次,分别对驻村扶贫工作队员、村组干部、建档立卡贫困户量化打分。在此基础上,由乡镇(街道)挂包贫困村的领导班子成员逐一点评,并提出下一步的努力方向。

二　"讲评"的内容

"讲帮扶措施、评帮扶成效"。讲评主体为驻村扶贫工作队员,要做到"五必讲",即讲政策宣讲情况,讲解决问题情况,讲队员管理情况,讲近期工作情况,讲未来的发展思路,并要求不讲群众不关心的事,不讲不利于团结的话,不讲无原则的话,不讲自己不懂的政策,不讲无法实现的承诺。

"讲履职情况、评工作成效"。讲评主体为村(社区)党总支书记、副书记,村

（居）委会主任、副主任，村务监督委员会主任，村（居）民小组长、村（居）民小组党支部书记。要做到"六必讲"，即讲战斗堡垒作用，讲本村的主要变化，讲公平公正履职，讲惠民政策落实，讲人居环境改善，讲脱贫巩固措施，并要求不讲班子之间的矛盾和主观不努力的问题，不讲违反政策的话，不讲可能激化矛盾的赌气话，不讲难以实现的理想和一时达不到的宏伟蓝图，不讲与本村脱贫或群众急需解答问题无关的政策，不讲不担当的话，不讲假大空不切实际的套话。

"讲脱贫情况、评内生动力"。讲评主体为建档立卡工作实施以来的全部建档立卡贫困户。要做到"五应说"，即说家庭基本情况，说怎样成了贫困户，说自己脱贫的措施，说脱贫摘帽内心感受，说脱贫计划和意愿，并要求分片包组的队员及村组干部要积极引导，做好贫困户的思想工作，让他们敢于大胆发表自己的意见，要引导贫困群众不说历史遗留问题、家庭矛盾、邻里纠纷，没有依据的大额欠款等。

"讲评"的自选内容。在各乡镇（街道）范围内充分排查，根据各村的不同情况，区分特困村、发达村、软弱涣散村等，确定"讲评"重点，按不同类别的村分类讲、分别评。特困村主要讲经济社会发展思路和方法，带领群众致富的路子；评村内致富带头人，通过学方法、跟着干，让更多的百姓过上好日子。发达村主要讲如何整合资源、凝聚力量，在改善人居环境、丰富群众精神文化生活、持续巩固发展成果等方面的思路和想法。软弱涣散村主要讲如何提升基层党组织的组织力，强化政治功能和服务功能，履行直接教育党员、管理党员、监督党员和组织群众、宣传群众、凝聚群众、服务群众等职责的情况。

三　民主评测和结果运用

评定"讲评"等次。会后，由乡镇（街道）挂包贫困村的领导班子成员对驻村扶贫工作队员、村组干部、建档立卡贫困户测评结果进行统计，召开会议集体研究，确定本季度驻村扶贫工作队员、村组干部、建档立卡贫困户的讲评等次。对讲评结果实行"星级评定"管理，对于综合得分95分及以上的授予"五星"，评定为"好"；综合得分90分及以上95分以下的授予"四星"，评定为"较好"；综合得分90分以下80分及以上的授予"三星"，评定为"一般"；综合得分80分以下的不授星，评定为"差"。

"讲评"结果运用。驻村扶贫工作队员和村组干部应根据讲评情况、民主测评情况，制定整改措施，采取适当的形式进行公示，接受基层党员群众的监督，切实加强整改；驻村扶贫工作队员和村组干部的讲评、测评、整改情况，还要作为年度考核、召回撤换、评先评优的重要依据；原则上两个季度及以上被评定为"五星"的驻村扶贫工作队员和村组干部，在年度考核中才能被评为"优秀"，对于两个季度及以上被评定为"三星"及以下的驻村扶贫工作队员和村组干部，实行召回、撤换。在村（社区）公示栏和村民小组显著位置，制作贫困户"讲脱贫情况、评内生动力"光荣榜（红榜）及后进榜（黄榜），对于脱贫积极性高，被评定为"五星"的贫困户，每季度在红榜上进行公示；对于脱贫动力不足、"等、靠、要"思想严重，被评定为"三星"及以下的贫困户，每季度在黄榜上进行公示，充分发挥群众的监督作用，营造"自强不息、诚实守信、脱贫光荣"的浓厚氛围。驻村扶贫工作队员和村组干部应根据实际情况指导、帮助建档立卡贫困户制定整改措施并落实，激发脱贫致富的内生动力。

第四节　"三讲三评"激发内生动力扶贫模式的主要成效

2017 年底寻甸县成功地高质量脱贫摘帽，在成功的背后，"三讲三评"激发内生动力扶贫模式起到了至关重要的作用。截至 2018 年 5 月底，寻甸县 16 个乡镇（街道）174 个村（居）委会累计组织开展"双讲双评"（后称为"三讲三评"）活动 1643 次，村组干部、驻村扶贫工作队员讲评 5257 人次，群众讲评 55862 人次。通过一场场讲评活动，在决战脱贫攻坚工作中讲出了党员干部以身作则、率先垂范的使命感，讲出了贫困群众自力更生、艰苦奋斗的内生动力，讲出了团结奋斗、攻坚克难的"精气神"，讲出了互帮互助、和谐发展的美好前景，为全县顺利打赢脱贫攻坚战奠定了坚实基础。

一　提升群众满意度和认可度

在讲评会上，扶贫干部与贫困群众相互点评，互提建议，增进了感情，找到了脱贫摘帽的共同语言。贫困群众更加理解和支持村（社区）党总支、驻村扶贫工作队员、村组干部的工作，扶贫干部也看到了贫困群众脱贫摘帽的信心和决定，心往一处想，劲往一处使，同频共振决战脱贫攻坚。通过一轮轮的讲评，寻甸县贫困群众满意度和认可度持续提升，在省、市脱贫成效考核中，满意度和认可度由 2016 年 96% 提升到当前的 98.51%，提升了 2.51 个百分点。

二　调动一线扶贫干部工作积极性

将一线扶贫干部"三讲三评"群众满意度测评结果作为季度测评、评先评优、选拔任用的重要依据，让一线扶贫干部工作成效接受党员群众和挂钩帮扶单位的监督，有效提升了驻村扶贫工作队员和村组干部的工作效率。同时，"三讲三评"活动邀请驻村扶贫工作队员、定点挂联帮扶单位参加,既让第一书记、驻村扶贫工作队员看到不足和差距,又让定点挂联帮扶单位看到了帮扶工作的不足,将压力逐级传导,形成贫困群众、村组干部、驻村扶贫工作队员、帮扶单位工作合力。

三 激发贫困群众的内生动力

通过综合评议贫困户脱贫情况,真诚点评贫困户自身脱贫动力,批评教育后进脱贫户,深入细致的交心谈心,让贫困户深切体会到自身存在的问题和不足,知耻而后勇,增强发展动力。

四 让村组干部在脱贫攻坚中找准位置

将第一书记、村组干部纳入测评范围,通过真实反映扶贫实绩,提高了第一书记、村组干部工作的积极性,督促村组干部找准脱贫攻坚工作位置,带领群众真抓实干、脱贫摘帽,有效提升村党组织凝聚力,破解基层党组织软弱涣散难题。

第五节 典型村"三讲三评"活动开展情况

寻甸县金所街道新田社区(原称新田村)于2019年3月9日晚上8点整在马嘎村(现新田社区下辖的村民小组)党员活动室召开了"三讲三评"工作会。社区"三委"成员、驻村扶贫工作队员、建档立卡贫困户、C级和D级危房改造户、村民小组长等共70余人参加了会议。会上,还对驻村工作队员和村组干部进行了测评(见图24-1和图24-2)。

附件4

寻甸县驻村工作队员"三讲三评"测评汇总表

金所 乡镇(街道) 新田 村

序号	测评对象基本信息							测评结果			备注
		年龄	民族	派出单位及职务(职称)	队长	队员	派出时间	测评得分	评定等次	授予星级	
1	×××	46	汉族	昆明市人防办(主任科员)	√		2018年3月	97	好	五星	
2	×××	47	彝族	寻甸县发改局粮食局(主任科员)		√	2018年8月	97	好	五星	
3	×××	58	回族	寻甸县发改局粮食局(工作人员)		√	2018年8月	97	好	五星	
4	×××										
5											
6											
7											
8											
备注	满分100分,对于综合得分95分及以上的授予"五星",评定为"好";综合得分90分及以上95分以下的授予"四星",评定为"较好";综合得分90分以下80分及以上的授予"三星",评定为"一般";综合得分80分以下的不授星,评定为"差"。										

图 24-1 驻村工作队员测评表

附件5

寻甸县村组干部"三讲三评"测评汇总表

金所 乡镇(街道) 新田 村

序号	测评对象基本信息				测评结果			
	姓名	年龄	民族	职务	测评得分	评定等次	授予星级	备注
1	×××	50	回族	新田社区居民委员会党总支书记	97	好	五星	
2	×××	35	汉族	新田社区居民委员会村委主任	97	好	五星	
3	×××	40	汉族	新田社区居民委员会监委会主任	97	好	五星	
4	×××	33	汉族	新田社区居民委员会党总支副书记	97	好	五星	
5	×××	35	彝族	新田社区居民委员会村委副主任	97	好	五星	

备注：满分100分，对于综合得分95分及以上的授予"五星"，评定为"好"；综合得分90分及以上95分以下的授予"四星"，评定定为"较好"；综合得分90分以下80分及以上的授予"三星"，评定为"一般"；综合得分80分以下不的不授星，评定为"差"。

图 24-2 村组干部测评表

为了开好这次会，村组干部和驻村扶贫工作队员精心准备，提前对马嘎村存在的问题进行研判。为避免说空话、套话、废话，根据村情，有针对性地把要讲的政策和下一步要采取的措施用群众听得懂的语言写成题为"脱贫致富奔小康，坚定信念跟党走"的发言稿。会上，驻村第一书记以近几年马嘎村在路、房、水、吃、穿、医、教等几方面看得见、摸得着的巨大变化为切入点，宣传了"两不愁三保障"的内容；宣讲了为落实"两不愁三保障"这一最根本的脱贫指标，包括驻村扶贫工作队员在内的各级党员干部是如何用心、用情工作履职的，以激发群众的感恩之心；以讲述村中脱贫致富能手如何顺势而为、自强勤奋的发展事迹来激发群众的内生动力。

在群众发言环节，村民们踊跃发言。村民李春云带头发言，激动地说道："过去我家在村子里各方面都算得上是最差的、最穷的，就以盖房子来说，要是政府没有盖房补助（C、D级危房改造补助），我家要4年后才攒得够这4万块钱，最少要10年后才盖得起这样的房子，我们要感党的恩啊！"回族村民马老仙说道："党的扶贫政策这么好，你看看我们村的路，过去一下雨就穿着水鞋高一脚低一脚地踩烂泥巴，现在你看看，越是下雨这个路越是华堂，越是干净，党的政策好，我们感恩呢！"彝族村民黄开秀提出意见："党和政府关心我们马嘎村，给我们村里送来了洗衣机、电饭煲（社会公益捐赠物资），我们非常感谢，但是我们家也很困难，为什么一样东西都不发给我家？下次如再有这种好事嘛，要先给发我们家一件呢！"

党支部书记最后就马嘎村这几年在脱贫路上如何攻坚克难、如何落实各项扶贫政策作了一一梳理，并就下一步的工作计划作了说明：一是积极推动包括生产道路修缮在内的一批民生项目；二是补齐短板，建立健全社会公益捐赠物资分发以及社区居委会各项工作事前、事中、事后的监管、监督等制度；三是加强基层党建工作，充分发挥好基层党组织在脱贫致富攻坚战役中的战斗堡垒作用。

第六节　"三讲三评"激发内生动力扶贫模式的机制分析

自寻甸县开展"双讲双评"（后称为"三讲三评"）工作以来，群众的内生动力得到了显著提升。通过讲评活动，群众更充分地了解了国家政策，农户在脱贫过程中有更强的获得感。从全过程来看，寻甸县的这一套程序之所以能取得显著的成效，是因为其已经形成了一套激发农户内生动力的机制，且在学术上有理论依据。

一　搭建了沟通平台

自开展精准扶贫工作以来，基层公共部门工作存在的一大障碍就是与群众的沟通障碍。政策往往是自上而下的，由于群众知识文化水平有限，以及政策在传递过程中又因沟通障碍而信息失真，因此会有在最终扶贫不精准、群众满意度不高的现象。另外，在实际执行中，由于沟通障碍，一些具体政策没有以公共利益为出发点。这是由于贫困户与基层公共部门工作人员沟通不畅，公共利益无法判定。"三讲三评"活动就给出了很好的解决方案，实际上是搭建起贫困群众与基层公共部门的沟通平台，双方相互信任，准确传达信息，使得脱贫更加精准。

二　激励与监督

沟通平台，使工作人员和群众摒弃畏难厌战情绪、"等、靠、要"的思想，促进驻村扶贫工作队员充分发挥作用，督促村组干部主动履职担当。其中包括贫困户对驻村扶贫工作队员、村组干部工作情况的监督，也包括驻村扶贫工作队员、村组干部对农户是否主动参与脱贫攻坚、是否符合政策要求等的监督；还包括贫困户之间的监督，使贫困户互相督促和激励，形成良性竞争。这形成一个良好的积极向上的氛围，激励贫困户自力更生、艰苦奋斗，从思想上脱贫，有利于脱贫攻坚的可持续性发展。

第七节　"三讲三评"激发内生动力扶贫模式的经验总结

一　多项活动有机融合

在开展"三讲三评"工作中，将村民小组党支部"三会一课"、主题党日、安排脱贫攻坚工作任务等有机融合起来，以此为抓手，规范村民小组活动场所的使用和管理，促进村民小组党支部规范化建设，实现基层党建与脱贫攻坚"双推进"、思想教育与工作部署"双融合"。

二　准备工作要充分

在开展前，村（社区）党总支、讲评会议主持人要对开展讲评工作的村组进行研判，重点研判这个村组存在什么问题、要讲哪些政策、采取哪些措施，真正让群众把他们想讲的问题讲出来，解决好群众的合理诉求，做足会前准备工作。

三　组织形式要贴近群众生活

在组织形式上，村（社区）党总支、讲评会议主持人要对召开的讲评工作方式进行研判，针对不同的村组或需要解决的问题，灵活采取多种形式，如开院坝会、火塘会、户主会、家庭会、专题会等，群众喜欢哪种形式就采取哪种形式，方便群众，贴近群众。在实际中有的村委会将村民晚上的广场舞与"三讲三评"融合，这样更能走进群众，效果更佳。

四　节奏把控要得当

主持人要根据参会人员、讲评对象及需要在讲评时讲清的问题所需时间的长短，控制好讲评时间，不把讲评时间拖得太长，做到会场可掌控，将讲评工作开展得有声有色。在发言时，要尽量讲群众听得懂的语言，讲群众关心的政策和时事，讲群众想听的话，多让群众发言，多评多议，防止干部"一言堂"，防止照本宣科，讲大话、空话、套话。

五　时间和地点选择要恰当

讲评工作的时间和地点的选择要尽量方便群众。尽量进到村组中，到群众中开展讲评工作，因地制宜地选择群众家中院坝内、火塘边等地点进行讲评，时间要尽量选在晚上或农闲时节，少占用群众白天的劳动时间。在方式上，要突出实效，能口头讲清楚的尽量口述，该简化的程序一律简化，除规定外的表册一律不再增加讲评材料。

第二十五章
四川平武县创新脱贫攻坚"暗访模式"

绵阳市创新扶贫暗访模式，作为常态化制度不断强化，有效推动精准脱贫各项工作。截至 2018 年底，全市有建档立卡贫困人口 8.3 万户 22.7 万人，已累计实现 7.9 万户 21.6 万人脱贫，剩余 0.4 万户 1.1 万人，贫困发生率下降到 0.3%。绵阳扶贫工作先后两次获得原副总理汪洋的肯定和批示，"1 + 5"生态循环产业扶贫模式被评为 2016 年"四川省十大改革转型发展典型案例"，北川羌族自治县完成高质量贫困摘帽，跻身全国前列。2019 年 3 月，绵阳市的国家级贫困县——平武县接受第三方评估检查，再次实现了零"硬伤"、零问题和零佐证。评估组认为平武县强化常态暗访，推动脱贫攻坚政策落实、工作落实、责任落实，实现制度化、系统化、高强度和高效率，特色十分鲜明。

第一节 创新暗访模式 提高暗访质效

脱贫攻坚暗访是指按照"两不愁三保障"的要求，统一工作标准，在没有扶贫帮扶部门、责任单位和责任人参与的情况下，直接到基层了解脱贫攻坚各项措施落实情况和脱贫指标实现情况的一种工作方式，能有效促进脱贫攻坚领域问题整改和质量提升。平武县创新暗访督查模式，强化问责倒逼"补短"，推动脱贫攻坚措施落实，为实现高质量脱贫摘帽打下了坚实基础。

一 细化评价标准，规范暗访工作

一是统一标准尺度，细化评价内容。制定《脱贫攻坚工作结果考核办法》，建立"10 + X"督查内容清单，针对"户脱贫、村退出、县摘帽"目标，扶贫资金使用管理，工程建设质量情况，帮扶人员落实及驻村帮扶工作开展情况，扶贫领域作风建设情况等10 个方面内容和阶段性重点工作推进情况，细化、量化乡镇党委政府、帮扶部门、村社脱贫攻坚工作考核指标 130 余项，如细化需公示内容 17 项、贫困户档案资料 10 项、安全饮水指标 4 项、标准学校建设指标 15 项。在实施全方位暗访的基础上，重点督查硬性任务，以点带面整体提升。

二是落实暗访责任，规范工作程序。为确保暗访的科学性，暗访的结果真实可靠，平武县制定了"暗访督查标准流程"。第一步，按照方案要求数量，暗访组自行随机抽取贫困村（非贫困村）、贫困户，确定调查对象。第二步，实地到确定暗访的村委会政务公开栏查看精准帮扶、扶贫政策，以及扶贫项目等公告公示内容。第三步，按照"一看二听三问"方式实地走访贫困户和临界非贫困户。一看，即到贫困户家中查看"两不愁三保障""三有"情况；二听，即听取贫困户的帮扶需求、发展愿望；三问，即询问帮扶部门、第一书记帮扶措施落实情况，询问各项扶贫政策落实情况。第四步，前往贫困村村委会查阅档案，了解贫困村产业扶持基金管理和使用情况，与村干部座谈，详细询问脱贫需求、帮扶机制、脱贫成效。第五步，暗访督查组对发现的问题进行归类、梳理，形成暗访督查报告。第六步，对反馈问题进行汇总、审核并报告。

二　创新暗访模式，增强暗访实效

一是全域常态暗访。平武县由纪委监委牵头，由纪检监察干部担任组长，抽调60名干部成立20个脱贫攻坚暗访组，改进脱贫攻坚暗访方式。干部实行"全脱产"，分片区负责对全县25个乡镇、73个贫困村、175个非贫困村进行"全天候""拉网式""无缝隙"巡回暗访，确保不遗漏脱贫攻坚存在的问题。

二是交叉互鉴暗访。脱贫攻坚责任单位开展自查自纠，确保脱贫攻坚任务如期完成，不误农时。相邻乡镇之间、帮扶部门之间、帮扶部门内部，通过互派暗访组等方式，对阶段性工作部署、脱贫成效和"三落实"（政策落实、工作落实、责任落实）情况进行暗访；通过"互查互帮互学"等方式，推动脱贫攻坚各项政策落地，推动脱贫摘帽、对标补短均衡推进。

三是动员群众参访。将群众认可作为检验工作最重要的"标尺"，广泛接受群众监督，对扶贫领域、涉农领域等项目建设、资金使用、普惠政策等进行公示，同步畅通信访举报通道，开通扶贫领域信访举报绿色通道，在各村公示暗访组联系电话，对问题线索实行5日移送制，坚持扶贫领域信访举报一律不下转。组织纪检干部对扶贫领域信访问题线索进行"大起底"，对问题线索进行"回头看"和再梳理，确保不遗漏问题线索。及时通过党政网、政务网、"廉洁平武"微信公众号等平台曝光扶贫领域典型案件，形成强大的震慑力量，有效保障群众的知情权和监督权。

四是分片督战暗访。县脱贫攻坚领导小组确定1名熟悉脱贫攻坚业务工作的县级干部担任全县脱贫攻坚总督察，并落实专门的督察力量，不定期对重点区域进行暗访。结合落实县级干部"战区负责制"，为38名县级干部落实督查暗访战区，由联系乡村战区的县级干部会同乡镇党委、政府，各级帮扶部门进行暗访督查，及时发现问题、解决问题。

五是随机督察暗访。市级分管领导督察暗访常态化，创新推动暗访制度建设。市脱贫办成立 8 个市本级暗访督查组每月开展综合暗访，市纪委、市委组织部对群众反映的扶贫领域问题线索要及时调查、处理。平武县主要领导同志和分管负责同志以暗访的方式遍访贫困村和地处边远、边界、边角地区，贫困发生率较高的非贫困村。在暗访中，不打招呼、不要陪同、不固定车辆，直接深入村社，寻找居住最远、住房条件最差的农户进行随机暗访，重点走访低保户、残疾人户、五保户、贫困老人户、重大疾病和慢性病户、临界困难户等特殊群体，并研究解决方案。

三　落实暗访责任，确保暗访质量

为确保暗访质量，抽调熟悉扶贫政策、了解农村情况、调研经验丰富、善于发现问题、敢于较真碰硬的同志进行暗访；坚持"谁暗访、谁签字、谁负责"，凡暗访人员责任片区经国家、省、市暗访督查组考核仍有错退、责任返贫、精准识别等问题，严格追究暗访人员的责任。平武县纪委组建巡回督战组，通过暗访方式，负责 20 个暗访督查组工作的监督检查、问责问效，让监督者被监督，让督战者被督战，推动暗访人员公正、客观、无私履职尽责。同时，聘请 12 名特邀监察员，对全县扶贫项目建设进度、资金使用效益、产业扶贫成效，特别是脱贫攻坚干部履职情况及暗访开展情况进行跟踪，并将有关情况反馈给脱贫攻坚领导小组和县纪委，构建"明岗""暗哨"相结合的常态化、高强度暗访监督体系。

第二节　严格责任管理　强化能力建设

平武县创新常态暗访制度，严格扶贫责任管理，强化扶贫干部能力和干部队伍建设，提升工作质量。

一　明确责任主体，压实整改责任

坚持"自查＋督查"收集问题，"交办＋督办"整改问题，健全"三本台账"——督查台账、问题台账和整改台账。强化责任落实，对问题整改实行销号管理。每周将督查发现的问题以"发点球"的方式发反馈给责任主体、责任单位，要求拟订整改计划、细化时间节点、落实责任人并上报脱贫攻坚领导小组，累计发出"问题整改通知书"161 份。建立跟踪问效机制，坚持"谁发现、谁跟踪"，确保件件落实，整改各类问题1.1 万个。实行"交叉督办"制度，定期开展交叉督查，将问题整改情况作为交叉督查和"回头看"的重点，对问题整改不力的从重扣分。

二 严格激励奖惩，锤炼干部作风

要推动高质量脱贫、可持续发展，实现脱贫奔康、乡村振兴，必须解决作风不实的问题。

一是树立典型，褒先进促后进，建立"红旗黄牌"激励机制，对每轮排前 3 名的乡镇和前 5 名的县级部门颁发流动红旗，对排后 3 名的乡镇和后 5 名的县级部门颁发警告黄牌。先后颁发流动红旗、警告黄牌 6 批次，16 个单位、8 个乡镇荣获流动红旗，20 个单位、11 个乡镇被黄牌警告，有力倒逼脱贫攻坚"三落实"，形成创先争优、你追我赶的浓厚氛围。

二是推动作风转变，构建奖惩制度，对连续 2 次或年度内累计 3 次获得"流动红旗"的乡镇和县级部门，额外奖励单位目标分 10 分，在年度评先评优和干部提拔人用上优先考虑。对暗访问题多、整改效果差、连续 2 次或年度内累计 3 次获得"警告黄旗"的乡镇和县级部门扣减单位目标分 10 分；对因工作落实不力，在上级督查、检查、暗访中被发现的突出问题或被点名通报的问题，按照每个问题国家通报扣 8 分、省级通报扣 4 分、市级通报扣 2 分的标准进行扣分，并按照有关规定问责追责，引导各级干部带着责任、带着感情真帮实扶，保障脱贫攻坚各项决策落实。

三 创新制度建设，健全制度体系

针对发现的问题，进一步落实责任、统筹协调、整合资源，巩固脱贫成果，强化可持续发展能力，有效防止返贫，与全面建成小康社会和乡村振兴相衔接。平武县突出产业就业、生态扶贫、基础设施、公共服务保障、人居环境、集体经济、内生动力"七项重点"，落实 22 个专项扶贫方案，健全完善组织、责任、政策、督查、奖惩"五大体系"，出台决胜"三年行动"、攻坚"插花式"贫困等系列配套文件，实现精准发力、靶向攻坚。同时，强化"三级书记"一起抓、党政一把手负总责的责任体系，县委、县政府、县级部门、乡镇、村层层签订责任书、逐级立下"军令状"。全县 25 个乡镇 73 个贫困村全部配备扶贫专职副乡（镇）长。

第三节 倒逼真帮实扶 攻坚补短克难

常态暗访推动脱贫攻坚问题整改，推动精准帮扶各项措施落实，推动攻坚补短克难，推动县域经济发展。

一　倒逼责任落实，推动精准帮扶

平武县聚焦重点群体，针对低保户、五保户、残疾户、重病户、无劳力户等五类重点群体，建立"达标进度台账"，持续落实对标补短措施，确保已退出的67个贫困村"一低五有"、已脱贫的6120户贫困户"一超六有"全面达标。对175个非贫困村逐个攻坚，确保户户过关、人人达标。全方位、立体式、无缝隙开展找人、找户、找房，确保"村不漏户、户不漏人、人不漏房"，实现无漏评、无错退。设立致贫返贫预警处置基金100万元，解决特殊困难问题，降低致贫返贫风险，筑牢"防火墙"。落实"双70%"制度，在脱贫摘帽攻坚期，确保机关干部70%的人力、70%的精力用于脱贫攻坚，促进全县干部将心融入农村，将情融入群众，走村入户讲政策、挨家挨户解民难、下乡入村推项目，确保教育、医疗、住房、就业增收等政策落实到位。

二　强化组织统筹，攻坚克难补短

加快重大基础设施建设，九绵高速、广平高速全线开工，黑化县乡道路89公里，新建桥梁74座，新改建农村道路1718公里。实施138个村的饮水安全巩固提升工程。新改建村级公共服务中心53个、卫生室65个、文化室53个。全县行政村光纤宽带通达率达100%。实施"六级"住房保障政策，全面落实"安居工程"，对贫困户和非贫困户住房安全进行全面鉴定，筹集"四改两建"资金3.1亿元，改造2.4万户住房。构建"135N"农业产业格局，大力发展生态农业产业，打造传统特色产业。发展乡村旅游，打造精品民宿83处，带动2000余户贫困户增收。探索"新型农业经营主体＋贫困户""农产品加工企业＋贫困户"等形式发展庭院经济。大力推进电商扶贫，深入推进东西部协作扶贫。

三　创新扶贫模式，提升扶贫质量

针对暗访发现的问题，创新方法，加快解决问题。针对精准识别退出方面出现的问题，将其纳入每次暗访必查内容并加以督促，并建立疑似错退、漏评户台账，加强帮扶，单独管理。针对扶贫政策知晓率不高，编印《贫困户精准扶贫政策》，对48项到户政策从对象条件、资助标准、申报材料及程序等方面予以明确，并摘要编印年历张贴于每户贫困户家中。针对扶贫资金监管不力，开展村级财务"互联网＋精准扶贫代理记账"工作，建立健全县、乡、村、户四级公告公示体系，以群众知晓率的提升倒逼项目资金规范运行。针对贫困群众内生动力不足，出台《进一步激发贫困群众内生动力的实施意见》，编制《扶贫同扶志、扶智典型案例》《脱贫攻坚群众工作手册》，探索以购助扶、生产奖补，激发干部群众的内生动力。针对贫困群众缺乏产业支撑，依托国家地理标志保护产品"平武中蜂"，探索出"平武中蜂＋"生态立体循环扶贫套餐产业新模式，按照"442"模式（企业4成、村集体4成、贫困户2成）分配利润，直接带动1100余名贫困群众脱贫，让1.5万余名贫困群众增收，蜂农人均蜂业年收入达2000元以上。

平武县在决战决胜脱贫攻坚工作中，创新实践暗访督查模式，减轻了基层负担，促进作风转变，推动工作落实。这些做法，贯彻落实了党中央、国务院统筹规范督查、检查、考核工作的重要要求，与党中央近期部署开展"基层减负年"的要求一致，有效地解决了"谁来督查、督查什么、怎么督查、如何运用督查结果"等问题。除脱贫攻坚工作外，可运用于地方经济社会发展的重点工作和专项工作，具有极强的针对性、可操作性与推广价值。

第二十六章
四川北川县"互联网＋精准扶贫代理记账"村财管理模式

自 2014 年开展脱贫攻坚工作以来，北川羌族自治县面临"老、少、边、灾、穷"的贫困现状，人才匮乏，财务管理力量薄弱。2016 年，全县仅有 23 名村财务乡（镇）代管财会人员，其中 10 人身兼多职，持会计从业资格证的仅有 7 人，会计人员专业知识与业务能力明显不足。随着脱贫攻坚工作的深入，扶贫项目多，投入金额大，扶贫资金数据信息分散、扶贫领域廉政风险防控难、群众对扶贫资金使用的获得感不强等一系列问题亟待解决。北川县立足实际，另辟蹊径，充分运用"互联网＋"思维，在全省率先试点、推广"互联网＋精准扶贫代理记账"村财管理模式。

第一节　基本做法

一　强化组织协调

成立了县委书记、县长挂帅的"互联网＋精准扶贫代理记账"试点工作领导小组，印发工作方案，制定时间表，绘制路线图，并将"互联网＋精准扶贫代理记账"工作纳入各级党委、政府重要议事日程，层层传导压力，倒逼工作落实。

二　强化信息联动

第一，利用微信群、QQ 群建立省、市、县、乡四级联动机制，定期或不定期互通信息，科学细化试点方案。第二，组织长虹公司专家团队先后 10 余次深入 23 个乡镇 343 个村（社区）全面调研村财管理情况，收集基础信息和群众意见。第三，坚持每月一次座谈会，召集代理双方，强化沟通，现场指导并解决疑难问题。

三　强化平台建设

结合村务公开、农村三资清理、农村产权制度改革等工作，协助并督促长虹公司不断完善平台内容，优化、提升各项服务功能。2016 年初，在擂鼓镇 31 个村（社）开展

"互联网＋精准扶贫代理记账"试点工作；2016年6月22日，试点工作顺利通过了专家组的验收，专家一致认为"互联网＋精准扶贫代理记账"系统简单、方便、易操作，可以实现资金和项目管理的全过程监督，财务核算规范、准确、及时、完整，提升了村级财务核算管理水平，弥补了农村财务人员匮乏和专业水平不足的短板，满足了扶贫资金和项目管理的需要。

四　强化试点推广

2016年下半年，及时总结擂鼓镇试点经验，召开专题动员培训会，联合长虹公司组建4个工作组，深入其他22个乡镇312个村社区逐一调研、摸排财务管理情况，在全县推广"互联网＋精准扶贫代理记账"村财管理模式。全县23个乡镇成立"互联网＋村（社区）财务代理服务中心"，343个村（社区）的财务核算工作全部通过平台进行处理，使各类账目轨迹清晰，收支一目了然。2017年8月24日，北川县"互联网＋精准扶贫代理记账"工作得到汪洋同志的肯定性批示，要求"进一步跟踪，总结可推广的经验"。目前，此项工作已在四川省全面推广。

五　强化宣传报道

通过印发平台操作手册、发放宣传资料和利用广播电视互联网等载体方式，向村组干部、村民等介绍并指导操作平台和手机App，营造工作氛围，得到群众的广泛认可。

六　强化培训指导

一方面，对各乡（镇）分管领导和村财管理会计进行动员培训和业务指导，提升思想认识；另一方面，深入村（社区）对村（社区）干部开展专题培训，强化基层运用。

七　强化监督检查

一方面，强化对各级各部门的执纪监督，严防在数据录入过程中出现原始票据作假、数据虚报瞒报漏报等各类违法现象，确保会计核算结果真实、可靠；另一方面，不定期对各乡镇的推广情况进行督查，并在全县范围内通报督查结果，促进推广工作高效开展。

第二节　主要特点

自2016年6月22日四川省财政厅、绵阳市财政局、绵阳市农业局、四川银巢会计师事务所、西南科技大学等单位16位专家对"互联网＋精准扶贫代理记账"平台进行评估并出具了验收合格的意见后，北川县其他乡镇开始全面推广"互联网＋精准扶贫代理记账"村财管理模式。目前，平台共代理村财9.7亿元，呈现以下四个特点。

一　项目管理数据化

大数据平台集成项目管理功能，可对项目进行动态跟踪和信息查询，实现项目审批、验收的电子信息与资料并储，保障项目源头信息完整，预算、收支与会计核算结果自动关联，提高了扶贫项目管理水平。通过指标的可视化分析，准确、真实、快速地反映扶贫项目管理现状，有助于寻找扶贫工作盲点，为有效地安排扶贫项目提供数据支撑，切实提高扶贫资金的使用效益。

二　村务管理系统化

大数据平台可动态管理村民参与集体建设的劳务费、资金，以及村（社区）资产资源实物取得的收益等。同时，将农村三资管理功能整合进大数据平台，将土地承包权、经营权等资产、资源信息上传入库，形成电子档案，生成数据库，通过大数据平台进行科学管理。

三　阳光补助信息化

大数据平台与银行系统、财政大平台实现直联，低保、退耕还林、地力保护、民政救助、新农保等到户民生补助资金由各乡镇汇总后可由财政直发，群众可通过下载与大数据平台关联的App，实时掌握各项补助发放情况，进一步提高群众获得感和认可度。

四　痕迹管理常态化

扫描上传的原始票据在大数据平台中能永久地保存，无法篡改、更换票据，实现了会计档案电子化存储及规范装订，可有效地防止档案丢失、被篡改和因自然灾害而损毁，为脱贫攻坚保留了宝贵的资料。

第三节　实施过程

一　成立机构

各乡（镇）成立"互联网＋村（社区）财务代理服务中心"，中心设主任1名，由各乡（镇）长或分管乡（镇）长兼任；中心设管理会计1名，各村（社区）设报账员

1 名。

二 明确职责

结合村（社区）管理实际，梳理、完善"互联网＋村（社区）财务代理服务中心"事前审批、会计报账、会计核算等工作流程，明确了中心主任、管理会计、核算会计、村（社区）报账员等岗位职责。

三 完善制度

制定并印发了《北川羌族自治县集体经济组织财务管理办法》《北川羌族自治县村（社区）公共服务运行经费使用管理办法》《北川羌族自治县基层组织活动经费使用管理办法》等财务管理制度。

四 操作方法

由村财管理会计将原始票据上传至"云尚行"平台，通过内嵌配置标准化的核算规则，经"业务单据扫描上传—数据颗粒化采集—智能财务记账—动态信息发布"等流程，平台即时准确处理完所有会计核算业务，出具各村（社区）每月的基本财务报表和办公经费使用情况表等业务分析报表，避免人为操作引起的误差。

第四节 效果评价

一 节省了人力资源，降低行政成本

整合了农村三资管理软件的功能，委托专业团队完成会计核算，优化了财务报表，通过平台自动统计报表信息，减少了对人员的需求，降低了对专业水平的要求，减少人员培训和软件开发成本，提升了工作效率。

二 规范了会计核算，充分利用成果

一是经固化的核算规则自动完成会计核算，核算口径更统一、核算更规范，能够做到账账、账证、账表、账实相符。

二是平台实时出具财务报表，以列表、图表等形式生成资金拨付率、资金使用率等数据，供管理者决策使用。

三是便于加强资产、资源管理，促进村集体资产、资源增收创益。

四是便于档案管理，增加电子签章，确保上传数据的真实性，明确责任。

三　强化了会计监督，防治微腐败

一是在代理记账平台中保存原始票据，留下痕迹，可避免篡改票据、更换票据、做假账的现象。

二是老百姓可通过电脑、触摸屏、手机 App 等对村财情况进行监督，有效遏制村组干部不作为、乱作为现象的产生。

三是监管部门按权限在线实时动态监督村财情况，根据问题线索"精准"定位，查找痕迹，实地取证，在减少监督工作量的同时，利用大数据平台筛查与线下核实相结合的方式，有针对性地查找、深挖问题，查处扶贫资金项目违纪问题 6 件 6 人。2017 年北川党风廉政建设社会评价综合指数在四川省排名第 3，人民群众的满意度和获得感显著提升。

四　加强了三资管理，推进农村改革

按照农村三资清理、产权制度改革等工作要求，整合三资管理等软件功能，将土地承包权、经营权等资产、资源信息上传至互联网，形成电子档案，生成大数据库，通过代理记账平台进行科学管理，推进农村改革，节省管理成本。

五　加强了信息公开，巩固干群关系

一是老百姓凭身份证号码通过电脑、触摸屏、手机 App 实时查询本村（社区）财务情况和个人补贴发放情况等信息，减少群众对干部的猜疑，有效缓解干群关系，增强基层组织的凝聚力。

二是通过平台增加了公示公开的透明度。

三是各村（社区）设"明白人"，向没有智能手机的村民介绍村财公示公开情况。

四是通过代理记账平台向老百姓实时推送信息，便于老百姓及时掌握补贴发放情况。

六　加强了扶贫管理，便于精准施策

一是加强对扶贫资金的核算，准确反映乡（镇）、村（社区）、农户的资金补助情况，与扶贫系统对接，掌握各乡（镇）、各村（社区）交通、水利等基础设施情况，便于因乡（镇）、因村施策。二是加强了对扶贫资金的监管，让老百姓清楚地知道"扶贫的钱花了多少，花到哪里去了"，增强了扶贫工作的透明度，有效遏制贪污、挪用、挤占、虚报、冒领扶贫资金等违规、违纪、违法行为，确保扶贫资金能够真正用在农民身上、用在农村发展上。

第五节　存在的问题和改进方向

"互联网＋精准扶贫代理记账"平台基本功能已成形，效果初现，但以下三个方面需要进一步完善。

一　进一步规范财务管理

现有的报销后记账方式存在核算信息与资金流脱节的问题，县乡（镇）要与银行签订定期对账协议，要求银行按月提供各村银行账户增减信息和各银行账户收支流水及余额，并以此作为村财核算和检查的最后一道防线。

二　解决信息共享及系统问题

由于项目和资产、资源纳入系统管理，因此对业务部门和业务人员的管理需要进一步加强，建议从各层级制定和建立项目信息及资料管理的制度与传递机制；在系统应用层面，在目前已实现对公账户余额查询、单笔转账、单笔交易查询、电子回单查询、批量转账等功能的基础上，"云尚行"平台要逐步实现并优化银村直联功能；根据基层实际和需求，扩展新的功能模块，包括监督管理模块、大数据分析模块等。

三　建立持续优化与沟通机制

建立问题定期反馈沟通机制，针对发现的财务、业务、单证等问题进行充分沟通，共同解决"互联网＋精准扶贫代理记账"平台在运行过程中存在的问题。同时，加强对平台大数据的分析、应用，不断总结经验，探索和创造出可复制的北川经验。

第六节　基本经验与推广条件

一　机制创新要理念创新

理念创新就是打破陈规陋习，克服老旧思想，树立全新的管理理念。机制创新就是要改变传统的思维模式，主动借助网络、科技等先进平台，充分调动干部职工的积极性、主动性和创造性，树立符合时代发展的新理念。

二　机制创新要因地制宜

机制创新工作是一个系统，也是一个过程，涉及每项平台板块、每个功能、每项制度、每道环节、每个指令。机制创新工作必须可操作、可监控、可评估，每个步骤必须与实际相结合，才能从根本上起作用，实现各项工作持续、稳定开展。

三　机制创新要敢于实践

针对出现的新情况、新问题，要不断深入调查研究，深入思考新体制下安全管理的内在要求，加强管理创新。只有瞄准管理的关键环节，充分调动领导干部和广大群众积极性，使机制创新真正与群众性的实践活动紧密结合，才能释放出最大的潜能。

后 记

在中国的中西部地区，分布着 832 个国家级贫困县，其中的 592 个县属于较为贫困的国家扶贫开发工作重点县。这些国家级贫困县中，不少县集"山区、民族、老区、农业、贫困"于一体。在历史的长河中，几十个民族在这 832 个国家级贫困县的土地上生生不息，团结交融，结成深厚的友谊，开辟出美丽的家园，形成各民族绚烂多彩的文化。这些贫困县的人们都有着一种不屈不挠、不卑不亢、敢为人先的精气神，在不同历史时期的发展建设中发挥着举足轻重的作用，更在新时期脱贫攻坚的火热征程中，做出熠熠生辉的成就。

这个时代，是中国大家庭同舟共济、万众一心奔小康的时代，是中华民族扬眉吐气、屹立于世界民族之林的时代。2015 年 11 月，习近平同志在中央扶贫开发工作会议上强调："消除贫困、改善民生、逐步实现共同富裕，是社会主义的本质要求，是我们党的重要使命……脱贫攻坚战的冲锋号已经吹响。我们要立下愚公移山志，咬定目标、苦干实干，坚决打赢脱贫攻坚战，确保到 2020 年所有贫困地区和贫困人口一道迈入全面小康社会。"2017 年 10 月 18 日，习近平同志在中共十九大报告中指出："坚决打赢脱贫攻坚战……要动员全党全国全社会力量，坚持精准扶贫、精准脱贫，坚持中央统筹省负总责市县抓落实的工作机制，强化党政一把手负总责的责任制，坚持大扶贫格局，注重扶贫同扶志、扶智相结合，深入实施东西部扶贫协作，重点攻克深度贫困地区脱贫任务，确保到二〇二〇年我国现行标准下农村贫困人口实现脱贫，贫困县全部摘帽，解决区域性整体贫困，做到脱真贫、真脱贫。"

中西部地区的 832 个国家级贫困县各族干部群众，上承党中央、省（自治区、直辖市）的脱贫接力棒，下接本县、乡（镇）、村、户、个人的扶贫任务，群策群力，众志成城，围绕"增收、脱贫、致富"的目标，秉持"小康路上一个都不能掉队"的信念，与亿万中华儿女同呼吸、共命运，撸起袖子加油干，着力在中西部地区的广阔土地上实践掘进，脱贫攻坚，创造美好生活，使各县整体的经济、社会、文化、教育、卫生等发生翻天覆地的变化。在决战决胜脱贫攻坚、全面建设小康社会的征程中，各县人民迈出了新步伐，跑出了加速度，写下了新篇章，创造了奇迹，到 2020 年 5 月已有 780 个县成功摘掉戴了很多年的国家级贫困县这顶"穷帽子"。各县的山更绿了，水更清了，路更宽了，屋更敞亮了，人民的笑容更灿烂了。

作为精准扶贫第三方评估团队的一员，我们最早了解到中西部部分贫困县的贫困状况，是通过国家和地方政府委托的一系列调研项目。

云南调研项目：（1）2016 年 5～6 月，受国务院扶贫办和中国科学院地理科学与资源研究所委托，云南财经大学精准扶贫第三方评估团队承担了"2016 年国家精准扶贫工作成效云南省第三方评估"项目，涉及云南省弥渡县建档立卡贫困户普查和非贫困户抽样调查。（2）2017 年 1～2 月，受国务院扶贫办和中国科学院地理科学与资源研究所委托，云南财经大学精准扶贫第三方评估团队又承担了"2017 年国家精准扶贫工作成效云南省第三方评估"项目和"2016 年贫困县脱贫情况普查和三个贫困县退出专项评估试点项目：2016 年禄劝县脱贫情况及退出评估调查"（简称"2016 禄劝县退出评估"）项目。"2017 年国家精准扶贫工作成效云南省第三方评估"项目涉及云南省弥渡县、禄劝县等 7 个县的抽样调查。"2016 禄劝县退出评估"项目是 2017 年 1 月国家确定对全国三个贫困县（市）（即井冈山市、兰考县、禄劝县）退出进行评估试点。通过这三个项目的实地调查和评估工作，我们对弥渡县、禄劝县等贫困县的贫困状况和扶贫难度有了深入的了解和认识。2017 年 9 月，我们承担了云南省人民政府扶贫开发办公室委托的调研项目"全省 122 个县（市、区）贫困对象动态管理工作质量考评"，具体负责 8 个州（市）、51 个县（市、区）的调研与考评任务。2017～2018 年，昆明市、寻甸县、禄劝县、东川区等云南省内不少地方政府又委托我们开展贫困县退出预评估检查、农业人口生活状况摸底调查与动态监测等一批实地调研项目。

广西调研项目：2019 年 1～2 月，受国务院扶贫办和中国科学院地理科学与资源研究所委托，云南财经大学精准扶贫第三方评估团队承担了"2018 年国家精准扶贫工作成效广西壮族自治区第三方评估"项目，涉及广西壮族自治区德保县等 5 个县的实地抽样调查。2020 年 4～5 月，受广西壮族自治区扶贫开发办公室的委托，云南财经大学精准扶贫第三方评估团队承担了"广西 2019 年贫困县退出第三方专项评估检查"项目，涉及广西忻城县、德保县等 3 个县的实地抽样调查。

四川调研项目：2019 年 1～2 月，受四川省扶贫开发局和西南大学委托，云南财经大学精准扶贫第三方评估团队承担了"四川省 2018 年贫困县退出专项评估检查"项目，涉及四川省平武县等 4 个县的实地抽样调查。

海南调研项目：2020 年 1～2 月，受国务院扶贫办和中国科学院地理科学与资源研究所委托，云南财经大学精准扶贫第三方评估团队承担了"2019 年国家精准扶贫工作成效海南省第三方评估"项目，涉及海南省琼中县等3个县的实地抽样调查。

这些项目的开展，一方面让我们的团队融入了中西部地区不少国家级贫困县的脱贫攻坚战；另一方面也让我们看到了这些贫困县人民"摆脱贫穷，奔向小康"的坚定信念和进取精神，看到了这些贫困县干部群众"脱一层皮当美白，掉一块肉当减肥"的拼搏精神，看到了这些贫困县不但实干、苦干、拼命干，以"咬定青山不放松，撸起袖子加油干"的忘我和担当精神聚全县（市、区）之力决战脱贫攻坚，而且会干、能干、创新干，以"用心用情用脑用智慧"的全心投入，汇全民之智打造脱贫攻坚典型示范，同时着力构建"扶志、扶智、扶心、扶行"的深远帮扶格局。终于，这些贫困县人民把戴在头顶上很多年的"贫困县"帽子光荣地摘了下来，扔进历史的橱窗里，完成了历史赋予的精准脱贫这一神圣使命。

与世界消除贫困时间表（2030年）相比，我国脱贫目标的实现整整提前了10年，到2020年底将实现贫困县全部摘帽，解决区域性的整体贫困。这将是脱贫攻坚领域取得的前所未有的巨大成就。为了从学术科研的角度将这些贫困县脱贫攻坚的特色和创新之处、成功经验、优秀脱贫模式和典型案例写出来，形成具有鲜明特色的中西部地区精准扶贫典型模式，分享给全国乃至全世界其他贫困地区，供其参考和借鉴，自2018年10月开始，云南财经大学精准扶贫与发展研究院在承担中共昆明市委农村工作领导小组办公室委托专项课题"世界减贫背景下的昆明市脱贫模式研究"调研工作的基础上，又与中西部一些省份的相关部门及仁人志士密切合作，逐步展开了对典型省份26个精准扶贫和精准脱贫模式的调研、挖掘、整理、总结和提炼工作，经过1年多的努力，顺利完成了预期的调研任务，形成了这本成果专著。

本书是云南财经大学精准扶贫第三方评估团队与广西、云南、四川、海南等省份相关部门及仁人志士密切合作而完成的精准扶贫和精准脱贫模式探索和研究成果专著，属于集体性成果，旨在让这些成功扶贫模式走向全国、走向世界，能够为世界贫困地区实施反贫困工作提供参考和借鉴，为全球减贫事业做贡献。参加本书各章撰写的人士主要有：广西壮族自治区扶贫开发办公室副主任杨瑞华，广西壮族自治区扶贫开发办公室考核评估处副处长房文忠，中共来宾市委常委、中共忻城县委书记李振品，中共平果县委书记黄志愿，中共德保县委书记石永超，德保县人民政府县长陆兰碧，中共德保县委宣传部副部长陈仁宝，德保县融媒体中心杨雪佳，绵阳市人民政府副市长经大忠，中共平武县委书记李治平，平武县人民政府县长黄骏，北川羌族自治县财政局法规绩效监督股股长刘天培，中共琼中黎族苗族自治县委书记孙喆，中共琼中黎族苗族自治县委副书记兼组织部部长栗太强，中共弥渡县委副书记欧阳学礼，弥渡县人民政府扶贫开发办公室罗蔚华、鲁子灿，弥渡县农业农村局邹平、刘洪涛、李子旺，弥渡县就业局陈梦超，寻甸县人民政府扶贫开发办公室主任朱石祥，马关县人民政府副县长冉永富，中共马关县委基层党建工作协调小组办公室主任饶刚，马关县融媒体中心副主任王成敏，禄劝县住房和城乡建设局局长田开波，禄劝县住房和城乡建设局副局长戴正红，禄劝县住房和城乡建设局农村危房改造办公室主任潘德才，禄劝县雪山乡党委书记朱恩，禄劝县雪山乡乡长皮耀韩，禄劝县雪山乡党委副书记吴明新，云南财经大学党委书记王建颖，云南财经大学精准扶贫与发展研究院院长、云南财经大学全国高校"双带头人"教师党支部书记工作室负责人、中国自然资源学会党委土地资源研究专业委员会党支部书记杨子生教授，云南财经大学精准扶贫与发展研究院贺一梅副研究员、彭海英博士、张博胜博士，以及杨诗琴、刘凤莲、路辰皓、严芝清、王佳、杜婉莹、苏畅、杨人懿、刘秋河、龙蕾瑾、吉冠秋等师生。

本书得到了我国许多专家的鼓励和支持，中国工程院院士石玉林研究员、中国自然资源学会理事长成升魁研究员、发展中国家科学院（TWAS）院士/中国科学院精准扶贫评估研究中心主任刘彦随研究员、中国自然资源学会执行秘书长沈镭研究员担任顾问。本书的撰写工作得到了广西、云南、四川、海南等省份相关部门及仁人志士的鼎力支持与协助。他们提供了丰富的基础资料和原始素材，并为调研人员开展实地调研提供了便利条件。社会科学文献出版社对本书的出版给予大力支持，将本书列入"中国减贫研究书系·案例研究"出版计划，经济与管理分社恽薇社长给予热情支持和帮助，确保了本书的顺利出版。在此，特向所有鼓励、关心和支持本书撰写与出版的单位和相关人士表示衷心的感谢！

云南财经大学精准扶贫与发展研究院
云南财经大学全国高校"双带头人"教师党支部书记工作室
中国自然资源学会党委土地资源研究专业委员会党支部
2020 年 6 月 30 日

图书在版编目(CIP)数据

中国中西部地区精准扶贫典型模式 / 杨子生，王建
颖主编. -- 北京：社会科学文献出版社，2020.11
（中国减贫研究书系. 案例研究）
ISBN 978 - 7 - 5201 - 7161 - 8

Ⅰ.①中… Ⅱ.①杨… ②王… Ⅲ.①扶贫模式 - 研
究 - 中西部地区 Ⅳ.①F323.8

中国版本图书馆 CIP 数据核字（2020）第 159886 号

中国减贫研究书系·案例研究
中国中西部地区精准扶贫典型模式

主　　编 / 杨子生　王建颖

出 版 人 / 谢寿光
组稿编辑 / 恽　薇
责任编辑 / 孔庆梅

出　　版 / 社会科学文献出版社·经济与管理分社 （010）59367226
　　　　　　地址：北京市北三环中路甲 29 号院华龙大厦　邮编：100029
　　　　　　网址：www.ssap.com.cn
发　　行 / 市场营销中心 （010）59367081　59367083
印　　装 / 三河市龙林印务有限公司

规　　格 / 开　本：889mm × 1194mm　1/16
　　　　　　印　张：11.25　字　数：218 千字
版　　次 / 2020 年 11 月第 1 版　2020 年 11 月第 1 次印刷
书　　号 / ISBN 978 - 7 - 5201 - 7161 - 8
定　　价 / 89.00 元